共通テスト 英語リスニング

満点のコツ

[改訂版]

竹岡 広信 著

教学社

　本書は，大学入学共通テストのリスニング試験で「満点」を狙えるだけの力を身につけることを目標としています。リスニングに苦手意識のある受験生でも，より効率よく「満点」を目指せるよう，以下の方針で作成しています。

1．すべての過去問・試行調査を徹底的に分析

　これまで（2024 年度まで）に出題された共通テストおよびその前身のセンター試験の本試験・追試験のすべてについて，指導している予備校の授業でテスト演習を行い，各問の正解率や選択肢ごとのデータを取りました（調査対象の母集団の正解率は全国の平均よりやや高めです）。本書は，そのデータを元に「**差がつく問題**」を精選しています。徹底的な分析によって，正解率が高く「差がつかない問題」はすべて省くことが可能になり，非常に能率的な問題集になったと自負しています。なお，センター試験の過去問は良質な問題ばかりなので，リスニング力アップには恰好の素材です。形式に多少の違いはありますが，共通テスト対策としてなんの問題もありません。

2．「満点のコツ」を精選

　正解率の低い問題の音源を徹底的に聞き込み，「**なぜ，どこで聞き取れなかったのか？**」を分析しました。そして，繰り返し出てくるポイントを「満点のコツ」として紹介しています。まさに「コツ」になったと思っています。なお，分析の際，追試験に頻出する事項は省略しました。追試験は実験的な試みの場であり，本試験とは一線を画しているからです。

3．問題形式別ではなく，「聞き取れるかどうか」で編集

　形式だけ共通テストに似せて，30 分のテスト形式にしたところで，無駄が多過ぎます。本書はユニット編成ですが，問題形式ではなく，これまでの試験で繰り返し問われる**重要なポイント**が「聞き取れるかどうか」を基準に，編集しています。よって，対話やモノローグといった問題形式別の構成にはなって

いません。また，長めのモノローグでも，場合によっては「差がついた部分」だけを切り取って収録しました。

4．最小限の解説

筆記試験と違い，間違えた人の原因の大半は「聞き取れなかったから」です。よって，「スクリプトとその訳の提示」＝「正解にいたる解説」と考え，本書の解説は，**「音の解説」**に重点を置いたものにしました。ですから，「～であるから答えは…」のような解説は省き，その代わり「どこが聞き取れないから，この選択肢を選んだのか」ということを書きました。

5．ディクテーションを重視

リスニングの地力をつけるのは**ディクテーション（＝書き取り）**あるいは**シャドーイング（＝追いかけ音読）**です。シャドーイングは同時通訳者になるための高度な訓練なので，まずは各ユニット，ディクテーションから取り組んでもらいます。書き取る英文は，すべて実際の試験で放送された英文から選びました。設問に直接関係のない部分であっても，また，たとえその英文を含む設問の正解率が高くても，「聞き取りに重要である」と判断したものを採用しています。

6．本番で使われた音源を使用

同じスクリプトでも，読み方によって簡単になったり，難しくなったりします。ひどい場合では正解率に 50％以上の開きが出てしまいます。スクリプトを見るだけだと「非常に簡単」と思えるものでも，いざ生徒に解かせてみると「非常に難しい」ということは頻繁に起こります。よって，実際の試験の音源を採用することで，**「問題作成部会」**が狙った**「音」**を忠実に再現することが可能になりました。

「私の耳は英語を聞き取れる構造になっていない！」などと絶望してはいけません。「なぜ聞き取れないのか」がわかってくると，驚くほどリスニング力が向上します。がんばってください！

竹岡　広信

Contents

Column

· Check! ·

満点のコツ一覧

リスニングテストの概要

出題形式 (2024 年度本試験)

- 解答時間：30 分
- 配点：100 点
- 解答数：37
- 解答形式：全問マーク式

		放送英文	内容	解答数	配点	放送回数
第1問	A	短い発話	発話を聞いて同意文を選ぶ	4	16	2
	B		発話の内容を表すイラストを選ぶ	3	9	2
第2問		短い対話	対話と問いを聞いてイラストを選ぶ	4	16	2
第3問		短い対話	対話を聞いて問いに答える	6	18	1
第4問	A	モノローグ	図表を完成させる	8	8	1
	B		複数の情報を聞いて条件に合うものを選ぶ	1	4	1
第5問		長めのモノローグ	講義の内容と図表の情報を使って問いに答える	7	15	1
第6問	A	長めの対話	対話を聞いて要点を把握する	2	6	1
	B	会話・議論	複数の意見を聞いて問いに答える	2	8	1

特 徴

- ✔ 第3問以降は放送回数が1回
- ✔ イギリス英語や，英語を母国語としない話者による読み上げを含む
- ✔ イラストや表，グラフを伴う問題が多い
- ✔ 大学進学後の生活や講義，友人同士の意見交換など，学生生活に関連した場面設定が多い

大問数・形式の大枠は，2021〜2024 年度は同一でした。ただし，細かい点では，第4問 A の形式が年度により多少異なったり，2023 年度には第5問問 33 が「講義の続きを聞く」から「グループの発表を聞く」に変わったりしています。2025 年度以降も，第5問の後半の問題が変更される可能性があります。また，それ以外の問題でも，形式変更が生じる可能性は十分にあります。形式が変わっても焦らず対応できるよう，本書を通して聞き取り能力をしっかり身につけておきましょう。

本書の使い方

章立て

1．Unit 1～25

　本書は，共通テストで繰り返し出される重要なポイント（＝聞き取るべきポイント）ごとに Unit を設けています。Unit 数は計 25 です。

　各 Unit は以下の 3 つのセクションで構成されています。

① ディクテーションに挑戦

② コツを使って難問に挑戦　No. 1

③ コツを使って難問に挑戦　No. 2

　①ディクテーションに挑戦は，過去問から精選した 4 種類の英文についての書き取りです。音声はそれぞれ 2 回ずつ流れます。問題の次ページの冒頭には，「満点のコツ」を提示して，各ユニットで身につけてほしいポイントについて説明しています。続く「解答・解説」には，それぞれ書き取るべき英文がどのように聞こえるのかなど，コツに関連する音について解説しています。なお，解説中の「設問正解率」は，書き取る英文を含む設問の正解率を示しています。

　②コツを使って難問に挑戦 No. 1 および③コツを使って難問に挑戦 No. 2 には，「①ディクテーションに挑戦」で提示した「満点のコツ」が要となる過去問を，合わせて 3，4 問掲載しています。音声は，「2 回流します」と記載しているもの以外はそれぞれ 1 回のみ流れます（実際の試験と異なる場合があります）。「解答・解説」は，確認しやすいようにそれぞれ問題の次ページに掲載しています。

2．力試し

　Unit 25 のあとには，「力試し」として共通テストの第 4 問以降から，挑戦しがいのある，正解率の低い問題をピックアップして掲載しています。

❯ 学習のすすめ方

各 Unit は，以下のように学習を進めてください。すべての Unit の学習が終わったら，学んだコツを念頭におきながら，「**力試し**」で自分の実力をはかってみましょう。

①ディクテーションに挑戦

まず，**聞き取れるまで何度も聞いてください。**「もう限界！」と思うまで繰り返してくださいね。そして，「満点のコツ」と「解答・解説」を見て，「なぜ聞き取れなかったのか」をチェックしてください。最後に，音声の通りに発音してみましょう。**「自分が発音できない音は聞き取れない」**ということを忘れずに！

②コツを使って難問に挑戦 No.1 ・③コツを使って難問に挑戦 No.2

「満点のコツ」で提示されたポイントに気をつけながら，まずは解いてみてください。聞き取れない部分は，①と同様に何度もチェックしてください。「解答・解説」を確認後は，もう一度音声を聞き直し，音声に続いて発音しましょう。**「答えが合っていたからいいや」と思ってはいけません！**

◀)) 音声配信のご案内

本書で使用する音声は，すべて音声専用サイトにて配信（ストリーミング・ダウンロード）しております。

🔍 https://akahon.net/akahon/m-lstng/

【推奨 OS・ブラウザ】
▶ PC　Microsoft Edge ※／ Google Chrome ※／ Mozilla Firefox ※／ Apple Safari ※
▶ スマートフォン・タブレット　Android 4.4 以上 ／ iOS 9 以上
※最新版（2024 年 3 月現在）

【使用上の注意点】
● 音声はダウンロードすることも可能です。ファイルは zip 形式のため，解凍ソフトにて解凍の上，ご使用ください。また，音声データは MP 3 形式です。ダウンロードした音声の再生には MP 3 を再生できる機器をご使用ください。ご使用の機器や音声再生ソフト，インターネット環境などに関するご質問につきましては，当社では対応いたしかねます。各製品のメーカーまでお尋ねください。
● 当サイトのご利用やダウンロードにかかる通信料は，お客様のご負担となります。
● 当サイトの内容やサービスは，予告なしに変更・中断・中止される場合があります。利用ができなかった場合に損害が生じたとしても，当社は一切の責任を負いかねます。あらかじめご了承ください。
● 放送回数や解答時間（無音部分）は実際の試験と異なる場合があります。

Unit 1 語尾

音声 🔊

Unit 1
Unit 2
Unit 3
Unit 4
Unit 5
Unit 6
Unit 7
Unit 8
Unit 9
Unit 10
Unit 11
Unit 12
Unit 13
Unit 14
Unit 15
Unit 16
Unit 17
Unit 18
Unit 19
Unit 20
Unit 21
Unit 22
Unit 23
Unit 24
Unit 25
力試し

1 ディクテーションに挑戦

音声を聞いて下線部の英語を埋めてください。

1. Do you want to go shopping ＿＿＿＿＿＿＿＿＿?

(2014 本試 問 14)

2. No, it ＿＿＿＿＿＿＿＿＿＿＿＿＿ minutes.

(2007 追試 問 7)

3. Should ＿＿＿＿＿＿＿＿＿＿?

(2012 本試 問 7)

4. Set C ＿＿＿＿＿＿＿＿＿＿＿＿＿＿＿＿＿＿＿＿＿.

(2008 追試 問 2)

満点のコツ その1 👑 消える語尾に注意！

　日本人は，語尾に母音を入れて読んでしまう癖があります。たとえば salad は，日本語では「サラダ」ですが，実際には「セェラ」ぐらいにしか聞こえません。まずは，語尾に母音を入れて発音する癖をなくすことが聞き取りの力の向上につながります。

● 解答・解説

1．**Do you want to go shopping** at the mall?

訳 ショッピングモールへ行きたいですか？

　mall は，日本語では「モール」と言いますが，それでは最後に u の母音が入ってしまいます。英語では，**「モォー」**のように聞こえますね。

(設問正解率：78.4％)

2．No, it won't start for another 10 minutes.

訳 いや，あと 10 分しないと始まらないよ。

　start は，日本語では「スタート」と言いますが，英語では **-t で終わる語は「ツ」に近い音**になるか，ほとんど消えます。event, comment なども同じです。

(設問正解率：56.4％)

3．Should I set the alarm?

訳 目覚まし時計をセットした方がいいかな？

　set は「セット」ではなく，**「セッ」**の感じですね。また，alarm の m の部分を「ム」と発音しないように気をつけてください。 (設問正解率：62.8％)

4．Set C has French fries and a salad, but no drink.

訳 Cセットはポテトとサラダつきですが，ドリンクはありません。

　この英文を含む問題は，イラストを選ぶ問題なので正解率は高いですが，salad は聞き取れたでしょうか？　なお，日本語で「（フライド）ポテト」と言われるものは，英語では French fries となります。 (設問正解率：91.6％)

2 コツを使って難問に挑戦 No. 1

問1．対話を聞き，答えとして最も適切なものを一つ選びなさい。

Which chart shows the current results?

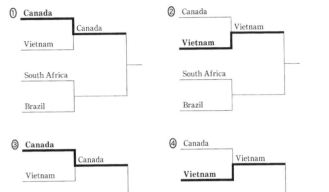

(2013 追試 問 5)

問2．聞こえてくる英文の内容に最も近い意味の英文を一つ選びなさい。
<u>2 回流します。</u>

① She is sorry we can't see the view.

② She regrets having missed the view.

③ She should have enjoyed the view.

④ She suggests that we enjoy the view.

(第1回プレテストB　第1問A　問4)

Unit 1
Unit 2
Unit 3
Unit 4
Unit 5
Unit 6
Unit 7
Unit 8
Unit 9
Unit 10
Unit 11
Unit 12
Unit 13
Unit 14
Unit 15
Unit 16
Unit 17
Unit 18
Unit 19
Unit 20
Unit 21
Unit 22
Unit 23
Unit 24
Unit 25
力試し

● 解答・解説

問1. **正解** ②　　　　　　　　　　　　　　　　　　　　　　　（正解率：36.2%）

W：Have you been following the tournament?

M：Yeah, I watched Vietnam <u>beat</u> Canada.

W：Me too. That was a great match.

M：Tonight's semifinal between South Africa and Brazil <u>should be</u> exciting too.

訳　女：試合をずっと見てるの?
　　男：うん。ベトナムがカナダに勝つところを見たよ。
　　女：私もよ。すごい試合だったわね。
　　男：今晩の南アフリカとブラジルの準決勝もきっといい試合だよ。

　現時点での結果を表すチャートを選ぶ問題です。beat「〜に勝つ」が聞き取れれば②と④に絞れます。ここの beat は「ビー」のようで最後の「ツ」の音は聞こえません。さらに、should be「〜のはずだ」が聞き取れれば正解に至ります。beat が聞き取れずに①と③を選んだ人は、57.2%にもなります。

問2. **正解** ④　　　　　　　　　　　　　　　　　　　　　　　（正解率：21.7%）

W：Don't miss the <u>colored</u> leaves <u>along</u> the river in the <u>fall</u>.

訳　女：秋には川沿いの紅葉を見逃してはいけません。

　正解は④「彼女はその景色を楽しむように言っている」。colored の語尾の d は聞こえにくいですね。これは bed や God などと同様に、語尾の d が、日本語のように「ド（do）」というように母音が入ることがなく、飲み込まれるように発音されるからです。また、along の g も同様です。さらに、fall のように、語末に置かれた l は「オ」に近い音になることにも注意してください。たとえば local は「ローカル」ではなく「ローコォ」のように聞こえます。①「私たちがその景色を見られないので彼女は残念に思っている」、②「その景色を見逃したことを彼女は後悔している」、③「彼女はその景色を楽しむべきであった」はすべて英文の内容と異なります。Don't miss 〜 の部分さえ聞き取れれば正解できそうに思えますが、難しかったようです。

3 コツを使って難問に挑戦 No. 2

問3. 対話を聞き，答えとして最も適切なものを一つ選びなさい。

What does the man imply?

① *Anime* is a historical topic.

② Changing topics is difficult.

③ The woman may get a low mark.

④ The woman's research is worthwhile.

(2012 本試　問 16)

Column 英語は子音が中心。発音の際，余分な母音は NG！

日本語は母音中心で子音が弱く，英語はその反対です。子音をしっかり発音し，余分な母音を省くことが英語への近道です。

1. 曖昧母音を身につける

アクセントのない母音は，弱化し，ほとんどが曖昧母音となります。この曖昧母音を身につけることが極めて大切です。

昔の日本人の発音の方が，原音に近い感じがします。

　（例1）American [əmérikən]　昔「メリケン」　今「アメリカン」
　（例2）machine [məʃíːn]　　 昔「ミシン」　　今「マシーン」

2. 語尾に母音を入れない

たとえば good [gúd] なら，goo [gu] だけ発音して，d [d] は言ったつもりの口の形をします。「グッド」では，「ド」に母音が入ってしまい，英語と異なる音になってしまいます。特に語末に置かれた破裂音 [p] / [t] / [k] / [b] / [d] / [g] は，軽く添える程度にして発音してください。

　（例）I won't go there. ／ a tuna salad ／ a great restaurant

Unit 1
Unit 2
Unit 3
Unit 4
Unit 5
Unit 6
Unit 7
Unit 8
Unit 9
Unit 10
Unit 11
Unit 12
Unit 13
Unit 14
Unit 15
Unit 16
Unit 17
Unit 18
Unit 19
Unit 20
Unit 21
Unit 22
Unit 23
Unit 24
Unit 25
力試し

解答・解説

問3. **正解** ③ (正解率：46.8％)

M：What is your oral presentation topic?

W：Japanese *anime*.

M：Remember, the teacher said we should talk about something historical.

W：I think the export of Japanese pop culture is worth looking into.

M：Well, I doubt she'll accept it. It's too recent.

W：I'd rather not change it anyway.

M：You're taking a chance.

W：Yeah, I know.

訳　男：口頭での発表のテーマは何にしたの？
　　女：日本のアニメ。
　　男：先生が歴史的なものを話すように言ったのを忘れちゃダメだよ。
　　女：日本のポップカルチャーの輸出は調べる価値があると思うよ。
　　男：うーん、先生が受け入れてくれるかは疑問だね。新しすぎるよ。
　　女：いずれにしても変えるつもりはないけどね。
　　男：一か八かやってみるという感じだね。
　　女：うん、わかってるよ。

　男性が何をほのめかしているのかを答える問題です。男性の3番目および最後のセリフから、正解は③「女性の成績は低いかもしれない」。doubt「～とは思わない」の語末のｔがほとんど聞こえず、I doubt she'll accept it の聞き取りに苦労した人が多いのではないでしょうか。また、女性の2番目のセリフにある export of も難しいです。②「話題を変えるのが難しい」を選んだ人が24.4％。①「アニメは歴史的な話題だ」、④「女性の研究は価値がある」を選んだ人は、それぞれ14.4％と13.5％です。

Unit 2 代名詞

音声 🔊

Unit 1
Unit 2
Unit 3
Unit 4
Unit 5
Unit 6
Unit 7
Unit 8
Unit 9
Unit 10
Unit 11
Unit 12
Unit 13
Unit 14
Unit 15
Unit 16
Unit 17
Unit 18
Unit 19
Unit 20
Unit 21
Unit 22
Unit 23
Unit 24
Unit 25
力試し

1 ディクテーションに挑戦

音声を聞いて下線部の英語を埋めてください。

1. Oh, _____.

   _____?
   (2014 本試　問 10)

2. Yes, I did! _____?
   (2015 本試　問 13)

3. Look! This _____!

   _____.
   (2014 本試　問 1)

4. Well, _____.

   _____ 2:00.
   (2007 追試　問 16)

満点のコツ その2 👑 消える代名詞に注意！

代名詞は，非常に弱く発音されます。たとえば，her は h が脱落して「ァ」，them は「ム」ぐらいの音にしか聞こえないことも頻繁にあります。「聞き取れない」のではなくて，「明瞭には言っていない」ことを理解してください。

● 解答・解説

1．**Oh,** I haven't read it yet.

Can I borrow it when you're finished?

訳 ああ，それはまだ読んでないわね。終わったら貸してよ。

read と it がくっつき「レディ」の感じになります。borrow と it もくっつき「バラゥイッ」に聞こえます。when you're もずいぶんと弱いですね。

（設問正解率：87.6%）

2．**Yes,** I did! Do you want to check it out?

訳 はい！　それをチェックしておきたいですか？

母音に挟まれた t は，発音のしやすさから[d] / [l]の音に変化します。check it out が「チェキダウ」に聞こえますね。　　（設問正解率：81.8%）

3．**Look! This** one has all of them!

You should get it.

訳 見て！　これにはそれが全部入っている！　買うべきだよ。

them は[əm]のような音に聞こえます。そこに all of がくっつきます。get it は，「ゲリッ」のように聞こえます。　（設問正解率：84.3%）

4．**Well,** I did my homework.

And I told Daisuke I'd meet him at **2:00**.

訳 うん，宿題は終わったし，ダイスケと2時に会う約束なんだ。

him は，普通 h が脱落して[im]のように聞こえます。meet him で「ミーティム」の感じになります。　（設問正解率：92.3%）

2 コツを使って難問に挑戦 No.1

問1. 対話の場面が日本語で書かれています。対話とそれについての問い
を聞き,その答えとして最も適切なものを一つ選びなさい。

Ayaka の家族の写真を見ながら,友人が質問をしています。

① ② ③ ④

(2021 本試(第2日程)問11)

問2. 聞こえてくる英文の内容に最も近い意味の英文を一つ選びなさい。
2回流します。

① He is asking her for a manual.
② He is asking her for some help.
③ He is asking her to help an Italian.
④ He is asking her to write in Italian.

(第1回プレテストB 第1問A 問5)

Unit 1
Unit 2
Unit 3
Unit 4
Unit 5
Unit 6
Unit 7
Unit 8
Unit 9
Unit 10
Unit 11
Unit 12
Unit 13
Unit 14
Unit 15
Unit 16
Unit 17
Unit 18
Unit 19
Unit 20
Unit 21
Unit 22
Unit 23
Unit 24
Unit 25
力試し

● 解答・解説

問1. **正解** ④　　　　　　　　　　　　　　　　　　　　（正解率：66.7%）

M : Who's the boy with the dog, Ayaka?

W : My nephew. Next to him is his twin sister.

M : Is the woman <u>next to her</u> your sister?

W : No, she's my aunt, Tomo.

Question : Which person in the photo is Tomo?

訳　男：犬を抱いている男の子は誰なの，アヤカ？
　　女：私の甥っ子なの。その隣にいるのは彼の双子の妹よ。
　　男：彼女の隣にいる女性は君のお姉さん？
　　女：いいえ。彼女は私の叔母のトモよ。

　　質問：写真の中のどの人物がトモか。

　男性と女性の最初の発言から②は女性の甥っ子であり，その隣にいるのが彼の双子の妹だとわかります。背の高さから，双子の妹は③だと考えるのが適切です。さらに続く男性と女性の発言から，③の隣にいる④がトモだとわかります。next to her が聞き取れずに①を選んでしまった人が25.0%でした。

問2. **正解** ②　　　　　　　　　　　　　　　　　　　　（正解率：18.6%）

M : Mrs. Rossi, I was wondering <u>if you could help me read</u> this manual written in Italian.

訳　男：ロッシさん，イタリア語で書かれたこの手引き書を読むのを手伝ってもらいたいのですが。

　正解は②「彼は彼女に助けを求めている」。if you could help me read の if や you や me が弱く速く読まれています。この部分がきちんと聞き取れずに焦ってしまい，聞こえてきた単語（manual, Italian など）を頼りに答えを選んだ人がかなりいたようです。I was wondering if you could... は，人に丁寧に何かを頼む場合に使われる定型表現です。I **am** wondering... とするより I **was** wondering... の方が一層丁寧な響きになります。help＋人＋Vは「人が〜するのを手伝う」という意味です。①「彼は手引き書がほしいと彼女に求めている」　③「彼は彼女にイタリア人を手伝ってほしいとお願いしている」　④「彼は彼女にイタリア語で書くようにお願いしている」

3 コツを使って難問に挑戦 No. 2

問3. 英語を聞き，その内容と最もよく合っているものを一つ選びなさい。
2回流します。

① The speaker found his suitcase in London.
② The speaker has a map of London.
③ The speaker lost his suitcase in London.
④ The speaker needs to buy a map of London.

(2022 本試 問3)

問4. 対話の場面が日本語で書かれています。対話を聞き，問いの答えとして最も適切なものを一つ選びなさい。

友達同士が服装について話をしています。

How does the man feel about the shirt?

① He likes it very much.
② He wants to buy it.
③ It doesn't look nice on him.
④ It isn't worth the price.

(第2回プレテスト 第3問 問3)

Unit
1
Unit
2
Unit
3
Unit
4
Unit
5
Unit
6
Unit
7
Unit
8
Unit
9
Unit
10
Unit
11
Unit
12
Unit
13
Unit
14
Unit
15
Unit
16
Unit
17
Unit
18
Unit
19
Unit
20
Unit
21
Unit
22
Unit
23
Unit
24
Unit
25
力試し

● 解答・解説

問3. **正解** ②　　　　　　　　　　　　　　　　　　　　　　（正解率：58.9%）

I didn't lose my map of London. I've just <u>found it in</u> my suitcase.

訳　ロンドンの地図をなくしていなかった。たった今スーツケースの中に見つけた。

　正解は②「話者はロンドンの地図を持っている」です。後半の found it in の部分が founditin という1つの単語のように聞こえますが，そこが聞き取れたかどうかがポイントです。①「話者はロンドンでスーツケースを見つけた」，③「話者はロンドンで自分のスーツケースをなくした」，④「話者はロンドンの地図を買う必要がある」を選んだ人が，それぞれ 21.1%，12.2%，7.8% でした。

問4. **正解** ①　　　　　　　　　　　　　　　　　　　　　　（正解率：60.7%）

W : Hi, Jason. You look great in that shirt.

M : Thanks, Mary. I <u>ordered it</u> online. Actually, <u>it didn't</u> look that nice on the website.

W : Then why did you <u>buy it</u>?

M : Because <u>it was</u> 50 % off. But now I think <u>it's</u> really nice.

W : Yeah, <u>it is</u>! You got a good buy.

訳　女：こんにちは，ジェイソン。そのシャツ似合うわね。
　　　男：ありがとう，メアリー。ネットで注文したんだ。実はウェブサイトではそんなによく見えなかったんだよ。
　　　女：じゃあ，どうして買ったの？
　　　男：50％引きだったから。でも今は本当にいいと思っているよ。
　　　女：ええ，その通りね！　いい買い物をしたわね。

　男性がシャツについてどう思っているかを答える問題です。正解は①「彼はとてもそれを気に入っている」。ordered it, it didn't, buy it, it was, it's, it is と it が数多く出てきます。前の語とくっついて発音されることもあり，聞き取りが難しいですね。②「彼はそれを買いたいと思っている」，③「それは彼には似合わない」，④「それは値段に見合わない」はいずれも英文の内容には合いません。

Unit 3　前置詞

音声 🔊

Unit
1
Unit
2
Unit
3
Unit
4
Unit
5
Unit
6
Unit
7
Unit
8
Unit
9
Unit
10
Unit
11
Unit
12
Unit
13
Unit
14
Unit
15
Unit
16
Unit
17
Unit
18
Unit
19
Unit
20
Unit
21
Unit
22
Unit
23
Unit
24
Unit
25
力試し

1 ディクテーションに挑戦

音声を聞いて下線部の英語を埋めてください。

1. OK. ＿＿＿＿＿＿＿＿＿＿＿＿, Mom. See you later.

(2014 本試　問 12)

2. But they just opened ＿＿＿＿＿＿＿＿＿＿＿＿＿＿＿.

(2014 本試　問 14)

.

3. No, look. ＿＿＿＿＿＿＿＿＿＿＿＿＿＿＿ sleeve.

(2007 追試　問 2)

4. Hey, Tony. I heard you ＿＿＿＿＿＿＿＿＿＿＿＿＿＿＿.

(2006 追試　問 5)

満点のコツ
その3 👑 消える前置詞に注意！

　英語を聞き取りにくくする大きな原因は前置詞にあります。たとえば，with は「ウィズ」ではありません。せいぜい「ウィ」ぐらいにしか聞こえません。to などは「タ」ぐらいです。前置詞がテキトーに弱く発音されるということを覚えておきましょう。

❷ 解答・解説

1．OK. I'm off to school, Mom. See you later.
訳 よし。行ってきます，ママ。じゃあね。

　to はほとんど消えます。**off to** で「**オフタ**」ぐらいの感じです。意味は「〜へ出かける」です。もちろん，たとえ聞き取れなくても，school や see you later から言いたいことはおよそわかります。　（設問正解率：85.6%）

2．But they just opened a new section with lots of new stores.
訳 けど，新店舗が数多く入った新たな一角がオープンしたのよ。

　with の th は，辞書の発音記号を見ても，普通，**濁らない発音**です。さらに th は息の音ですから，実際にはほとんど聞こえません。

（設問正解率：78.4%）

3．No, look. There's a stain on the front of the sleeve.
訳 いや，見てよ。袖の前面にしみがあるでしょ。

　stain の n と on がくっついて「**スティノン**」というふうに聞こえます。of も front に吸収されて「**フランタヴ**」と聞こえます。（設問正解率：71.2%）

4．Hey, Tony. I heard you got the highest score on the math test.
訳 やあ，トニー。数学のテストで最高点をとったらしいね。

　強く発音される highest score と math test にはさまれて，**on the は**
ほとんど消えています。ただ，聞こえなくても意味は取れますね。

（設問正解率：88.4%）

2 コツを使って難問に挑戦　No. 1

問1．対話を聞き，答えとして最も適切なものを一つ選びなさい。

Where will the man and the woman meet?

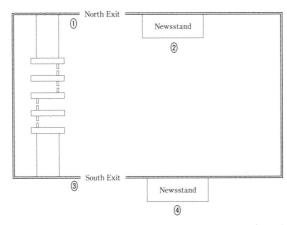

（2012 本試　問6）

問2．対話を聞き，答えとして最も適切なものを一つ選びなさい。

How can the woman get to the airport?

① Bus → Train → Bus
② Bus → Train → Subway
③ Subway → Train → Bus
④ Train → Subway → Bus

（2009 追試　問4）

Unit 1
Unit 2
Unit 3
Unit 4
Unit 5
Unit 6
Unit 7
Unit 8
Unit 9
Unit 10
Unit 11
Unit 12
Unit 13
Unit 14
Unit 15
Unit 16
Unit 17
Unit 18
Unit 19
Unit 20
Unit 21
Unit 22
Unit 23
Unit 24
Unit 25
力試し

● 解答・解説

問1. 【正解】 ④

> M：Hello, Linda. Where are you? I'm <u>at</u> the station.
> W：Me too. I'm <u>at</u> the newsstand inside by the North Exit.
> M：I'm <u>at</u> the one outside.
> W：OK. I'll meet you there.

訳 　男：もしもし，リンダ。どこにいるの？　僕は駅だよ。
　　女：私もよ。北出口の近くにある駅構内の新聞販売所にいるよ。
　　男：僕は，駅の外の新聞販売所にいるよ。
　　女：わかった。そこまで行くね。

　男性と女性がどこで会うのかを答える問題です。at はどれも弱く，絶対に「アット」などとは発音されません。また，outside の de の部分は非常に弱く聞こえます。最後のセリフの I'll や mee<u>t</u> も語尾が聞こえないので難しく感じますね。間違えた人は，① 25.5%，② 13.5%，③ 12.8%です。

問2. 【正解】 ④

> W：Excuse me. Does this train go <u>to</u> the airport?
> M：No, you need to transfer <u>to</u> the subway <u>at</u> the next stop.
> W：Really?
> M：Yes, go <u>to</u> the end <u>of</u> the line and then take the airport bus.

訳 　女：すみませんが，この電車は空港行きですか？
　　男：いいえ，次の駅で地下鉄に乗り換えなくてはいけません。
　　女：本当ですか？
　　男：はい，地下鉄の終点まで乗って，そこから空港バスに乗ってください。

　女性がどのように空港にたどり着けるかを答える問題です。正解は④「電車→地下鉄→バス」。go to の to，transfer to の to，at the next stop の at，end of の of が，すべて弱く発音されています。これが全体的にゴニョゴニョと聞こえる原因です。

3 コツを使って難問に挑戦 No. 2

問3. 英語を聞き，答えとして最も適切なものを一つ選びなさい。

Which request for assistance requires students to visit the ISSC?

① Finding places to live.

② Getting food and diet advice.

③ Looking for a temporary job.

④ Receiving health and medical care.

(2012 本試 問 22)

Column 「弱形」の存在を知ることが大切！

have は「ハブ」ではありません。I could <u>have</u> done that. なら[v]あるいは[ə]ぐらいにしか聞こえません。him も[im]または[m]と発音されます。この法則を覚えて，普段から，助動詞や前置詞などを「弱形」で発音する習慣をつけておけば，リスニングにも効果的です。

「弱形」をとるのは機能語です。つまり，人称代名詞（主格，所有格，目的格），助動詞，be 動詞，前置詞，冠詞，接続詞のことです。代名詞でも，指示代名詞，再帰代名詞，所有代名詞は強く発音されます。

（例1） for は「フォー」ではなく「フ」あるいは「ファ」。

（例2） can は，「キャン」ではなく「クン」。

（例3） he, his, him, her の h は聞こえない。

（例4） and は「アンド」ではなく「ン」ぐらいになることもある。

（例5） it's は，[s]の部分しか聞こえないこともある。

● 解答・解説

問3. 正解 ③ (正解率：34.6%)

①You have reached ISSC, the International Student Support Center. ②Our business hours are Monday through Friday, 8 am to 6 pm. ③Stay on the line for recorded help messages. ④Press one for dining services and assistance for students with special dietary needs; press two for dormitory or apartment rentals; press three for Internet and telephone connections; press four for library and bookstore locations. ⑤Students with questions about part-time work on campus should call to make an appointment to see our staff at the center. ⑥In the case of a medical emergency or illness, dial 911 or go directly to the clinic. ⑦Thank you for calling.

訳　①こちらは ISSC，国際学生支援センターです。②業務時間は月曜から金曜までの午前8時から午後6時までです。③案内をお聞きになる場合にはそのまま電話をお切りにならないでください。④食事のサービスまたは特別食を必要とする学生の支援をご希望の場合は1を，寮やアパートの賃貸物件をご希望の方は2を，インターネットや電話の接続をご希望の場合は3を，図書館や書店の場所を知りたい場合には4を押してください。⑤キャンパスでのアルバイトについてご質問のある方は，センターで職員と直接会う日時の取り決めをするためにお電話をいただく必要があります。⑥救急疾患やご病気の場合は911番に電話されるか，直接病院へ行ってください。⑦お電話ありがとうございました。

　学生が ISSC を訪れる必要があるのは，どういう支援の要望がある場合かを答える問題。正解は③「一時的な仕事を探すこと」です。「ISSC に直接行く」という情報は，後半の第⑤文に少しあるだけ。しかも，part-time work が，選択肢では a temporary job と置き換えられているので受験生には難しかったみたいです。スクリプトの第⑤文の下線を引いた前置詞が，リスニング音声ではほとんど聞こえません。是非，音読して自分の音を，原音に近づける努力をしてください。なお，他の選択肢の意味は，①「住む場所を見つけること」，②「食事とダイエットに関するアドバイスを得ること」，④「健康および医療に関わるケアを受けること」です。

Unit 4　be 動詞

音声

1　ディクテーションに挑戦

音声を聞いて下線部の英語を埋めてください。

1. _____.

(2007 本試　問 5)

2. _____?

(2013 本試　問 8)

3. _____.

_____?

(2012 追試　問 3)

4. _____.

_____.

(2013 追試　問 15)

満点のコツ その4 👑 消える be 動詞に注意！

be 動詞は，とにかく弱い。I'm，He's，You're などは，本当に「添えられただけ」の存在です。will be や to be なども本当に弱いと感じます。have been ～ などの been も同様です。弱いことに慣れれば大丈夫です。

● 解答・解説

1．We have carrots, but we're out of mushrooms.

訳 にんじんはありますが，マッシュルームを切らしています。

we're out of までひと続きで発音されます。「ワァゥロヴ」のように聞こえます。 （設問正解率：82.9%）

2．What time are you leaving for the baseball game?

訳 野球の試合には何時に出発するの？

are you がくっつきます。 （設問正解率：86.6%）

3．You look like you're running a fever.
Should you be here at work?

訳 熱が出てるみたいだね。ここで仕事をしなければいけないの？

you be here の部分は，ひと続きの単語のように発音されます。 （設問正解率：41.1%）

4．Mom's getting old and I'm moving across town to be closer to her.
I'll still see you at work.

訳 母が歳をとってきて，少しでも母の近くにいられるように街の反対側まで引っ越しますが，仕事ではまだお会いしますよ。

主語についた be 動詞はほとんど聞こえません。また to be closer の to be の音も弱いことに注意してください。 （設問正解率：77.0%）

2 コツを使って難問に挑戦 No. 1

問1. 英語を聞き，その内容と最もよく合っているものを一つ選びなさい。**2回流します。**

① The speaker doesn't know where the old city hall is.
② The speaker has been to the new city hall just one time.
③ The speaker hasn't been to the old city hall before.
④ The speaker wants to know the way to the new city hall.

(2024 本試　問3)

問2. 聞こえてくる英文の内容に最も近い絵を一つ選びなさい。**2回流します。**

①

②

③

④

(第1回プレテストB　第1問B　問9)

Unit 1
Unit 2
Unit 3
Unit 4
Unit 5
Unit 6
Unit 7
Unit 8
Unit 9
Unit 10
Unit 11
Unit 12
Unit 13
Unit 14
Unit 15
Unit 16
Unit 17
Unit 18
Unit 19
Unit 20
Unit 21
Unit 22
Unit 23
Unit 24
Unit 25
力試し

❯ 解答・解説

問1. 正解 ④ (正解率：61.0%)

Do you know how to get to the new city hall? I've only <u>been</u> to the old one.

訳 新しい市役所への行き方を知っていますか？ 私は古い市役所しか行ったことがありません。

④「話者は新しい市役所への道を知りたい」が正解。how to get to the new city hall「新しい市役所への行き方」＝the way to the new city hall「新しい市役所への道」ということがわかれば容易に正解は得られます。成績上位層にとっては，容易な問題でしたが，それ以外の人にとっては難しく，差がついた問題です。後半の I've only been to の been は「ビーン」ではなく「ビン」のように読まれます。また only been to the がひと息で読まれるため，聞き取りが困難です。間違った人はこの部分で混乱してしまったと思われます。その他の選択肢は次の通りです。①「話者は古い市役所がどこにあるのか知らない」 ②「話者は1回だけ新しい市役所に行ったことがある」 ③「話者は以前古い市役所に行ったことがない」

問2. 正解 ④ (正解率：11.1%)

Jane knew <u>it wouldn't be</u> cold today.

訳 ジェーンは今日は寒くならないことを知っていた。

「天候・寒暖などを表す働き」である it と be が弱く，it wouldn't be で一つの単語のように発音されているため，聞き取れなかった人が多かったようです。正解率はおよそ1割しかありません。本文は knew を現在時制で書くと Jane knows it won't be cold today. となります。knows を過去形にすることで，時制の一致により won't が wouldn't になっているのです。

まずは前半の「ジェーンは知っていた」から，イラストの中から「ジェーンが天候に合わない服装をしているもの」を削除します。すると①，③が消えます。さらに，後半の「今日は寒くならない」から，結果的に晴れたことが予想されます。よって④が正解となります。

3　コツを使って難問に挑戦　No. 2

問3．対話の場面が日本語で書かれています。対話を聞き，問いの答えとして最も適切なものを一つ選びなさい。

男性がレストランで店員に話しかけています。

What is the man most likely to do?

① Finish the food.
② Order again.
③ Start eating.
④ Wait for the food.

(第1回プレテストB　第3問　問18)

Unit 1
Unit 2
Unit 3
Unit 4
Unit 5
Unit 6
Unit 7
Unit 8
Unit 9
Unit 10
Unit 11
Unit 12
Unit 13
Unit 14
Unit 15
Unit 16
Unit 17
Unit 18
Unit 19
Unit 20
Unit 21
Unit 22
Unit 23
Unit 24
Unit 25
力試し

● 解答・解説

問3. **正解** ①   (正解率：10.9%)

> M：Excuse me. I ordered a tomato omelet, but this is a mushroom omelet.
>
> W：Oh. I'm very sorry. I can bring you a new one.
>
> M：Well... I've already started eating.
>
> W：If you want what you ordered, <u>I'm afraid</u> <u>it'll be</u> a couple of minutes.
>
> M：Ah, okay. Then <u>I'm fine with</u> this.

訳　男：すみません。私はトマトオムレツを注文したのですが，これはキノコオムレツですよ。
　　女：まあ。大変申し訳ございません。新しいものをお持ちしますね。
　　男：いや…もう食べ始めてしまっているので。
　　女：もしご注文頂いたものをご所望でしたら，恐れ入りますが，数分お時間を頂くことになります。
　　男：ああ，わかりました。では，これで大丈夫です。

　男性が最もしそうなことは何かを答える問題です。I'm afraid, it'll be, I'm fine with の部分が聞こえにくくなっているため，その前後の内容を聞き漏らしてしまった人がかなりいたようです。女性の2番目のセリフから，男性が注文したトマトオムレツを作るには少し時間がかかることがわかり，それを聞いた男性が「では，これ（＝キノコオムレツ）で大丈夫です」と言っていることから，正解は①「その料理を食べ終える」。②「再び注文する」は本文にありません。③「食べ始める」は，男性の2番目のセリフ「いや…もう食べ始めてしまっているので」と矛盾します。もし選択肢が Start eating **again**.「再び食べ始める」と書かれているのなら正解となります。④「その料理を待つ」は，本文の内容と矛盾します。ただし，最後の I'm fine with this.「私はこれで大丈夫だ」の内容がつかめずに，直前の Ah, okay. だけで④を選んでしまった人もいたのではないでしょうか。

Unit 5　there is / are　音声 🔊

Unit 1
Unit 2
Unit 3
Unit 4
Unit 5
Unit 6
Unit 7
Unit 8
Unit 9
Unit 10
Unit 11
Unit 12
Unit 13
Unit 14
Unit 15
Unit 16
Unit 17
Unit 18
Unit 19
Unit 20
Unit 21
Unit 22
Unit 23
Unit 24
Unit 25
力試し

1 ディクテーションに挑戦

音声を聞いて下線部の英語を埋めてください。

1. Really? _____?

(2007 本試　問 13)

2. _____.

But we have this red one.

(2013 本試　問 16)

3. Well, I'm walking toward an ATM, a café … oh, _____

_____.

(2009 追試　問 12)

4. Over on the other side of the store, past the cookbooks.

Oh, _____.

(2006 追試　問 16)

満点のコツ その5 👑 消える there is / are に注意！

there is / are ～ は，ほとんど聞こえません。「ほとんど聞こえない」
と知っておくだけで，聞こえやすくなります。実際の試験の音声を聞けば
理解できるはずです。

● 解答・解説

1. Really? Do you think there will be enough snow?

訳 本当に？　十分な雪があると思うの？

とにかく there は弱く発音され，will も弱く発音されるので，there will
be がつながって聞こえます。　　　　　　　　　　　　（設問正解率：71.2%）

2. I'm afraid there aren't any brown ones left in that size.
   But we have this red one.

訳 そのサイズの茶色はありませんが，赤ならあります。

there は the と区別できないぐらい速く読まれます。

（設問正解率：86.0%）

3. Well, I'm walking toward an ATM, a café ... oh, and there's an Indian
   restaurant.

訳 ええ，ATM や喫茶店の方へ歩いている。ああ，インド料理のレストランもある
よ。

and there's an までが，ひと続きに聞こえます。　（設問正解率：71.2%）

4. Over on the other side of the store, past the cookbooks.
   Oh, and there are some in the discount section, too.

訳 店の向こうの奥の，料理本をすぎたあたりです。ああ，それに特売場にもありま
す。

there are some でカタマリです。「きちんと発音されていない」ことに
慣れてくれば難しくはありません。　　　　　　　　　（設問正解率：56.5%）

2 コツを使って難問に挑戦　No.1

問1. 英語を聞き，その内容と最もよく合っているものを一つ選びなさい。
2回流します。

① The speaker doesn't have any bread or milk.
② The speaker doesn't want any eggs.
③ The speaker will buy some bread and milk.
④ The speaker will get some eggs.

(2022 追試　問4)

問2. 対話を聞き，答えとして最も適切なものを一つ選びなさい。

Where is the bee?

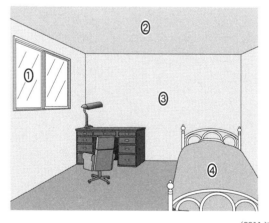

(2011 追試　問2)

● 解答・解説

問1. 正解 ④ (正解率：54.9%)

We have some bread and milk, but <u>there aren't any eggs</u>. I'll go and buy some.

訳 パンと牛乳はあるけど，卵が1つもないね。僕が買いに行くよ。

正解は④「話者は卵を買うだろう」です。there aren't any eggs が聞き取れたかどうかがポイントです。ここが聞き取れれば，**文末の some は some eggs** のことだとわかるでしょう。なお，go and buy は go to buy と同意です。① 「話者にはパンも牛乳もまったくない」，② 「話者は卵を1つもほしがっていない」，③ 「話者はパンと牛乳を買うだろう」を選んだ人が，それぞれ5.9%，18.6%，20.6%でした。

問2. 正解 ② (正解率：69.4%)

M：Watch out! <u>There's a bee in</u> the room.
W：Where? Is that it on the bed?
M：No. Look! It's on the ceiling.
W：Quick! Open the window so it can get out.

訳 男：見て！ 部屋にハチがいるよ。
女：どこ？ それってベッドの上のやつ？
男：ちがう。見て！ 天井にいる。
女：はやく！ ハチが出て行けるように窓を開けて。

ハチがいる場所について問われています。男性の2番目のセリフの It's on the ceiling. を聞き取れればわかる問題です。男性の最初のセリフの There's a bee in の部分がつながって聞こえ，よくわからないまま全体が終わってしまい，最後の window を頼りに①にした人が20.1%いました。

3 コツを使って難問に挑戦　No. 2

問3. 英語を聞き，その内容と最もよく合っている絵を一つ選びなさい。
2回流します。

(2023 本試　問5)

問4. 対話を聞き，最後の発言に対する相手の応答として最も適切なもの
を一つ選びなさい。

① I don't mind walking.

② I think it's enough.

③ No, we are all classmates.

④ Yes, the taxi is coming.

(2010 追試　問7)

Unit 1 Unit 2 Unit 3 Unit 4 **Unit 5** Unit 6 Unit 7 Unit 8 Unit 9 Unit 10 Unit 11 Unit 12 Unit 13 Unit 14 Unit 15 Unit 16 Unit 17 Unit 18 Unit 19 Unit 20 Unit 21 Unit 22 Unit 23 Unit 24 Unit 25 力試し

● 解答・解説

問3. **正解** ③ （正解率：69.3％）

There's not much tea left in the bottle.

訳 その瓶には，あまりお茶は残っていない。

not much ～ は「あまり～ない」という意味なので③を選びます。それぞれのイラストの瓶の内容物が tea かどうかはわかりませんが，それは解答に影響しません。**There's not の部分がくっついて発音される**ので，それに慣れていないと難しいかもしれませんね。また，一般に〈S is left.〉「S が残っている」で，S が「不定のもの」の場合は〈There is S left.〉の形になることも合わせて覚えておいてください。

問4. **正解** ① （正解率：24.5％）

M : It's not far, but let's share a taxi.
W : Well, there are five of us.
M : And taxis only hold four.

訳 男：遠くはないけど，タクシーに乗ろうよ。
女：ええと，みんなで5人だよ。
男：でも，タクシーには4人しか乗れないね。

正解は，① **「私は歩いても構わない」**。five of us は慣用表現で「私たちは5名です」の意味です。**there are five of us がくっついていて**，聞こえなかった人が多いようです。②「それで十分だと思う」を選んだ人が56.1％もいます。その他の選択肢は，③「いや，私たちはみんなクラスメートだね」，④「はい，タクシーが来ているよ」です。

Unit **6** 接続詞

音声

1 ディクテーションに挑戦

音声を聞いて下線部の英語を埋めてください。

1. _____

_____ the sounds of insects such as cicadas.

(2009 本試　問 20)

2. Therefore, in most cases, the elderly _____

_____.

(2014 本試　第 4 問B)

3. _____

_____ the most popular for another two decades.

(2009 本試　第 3 問B)

4. Hmm, _____.

(2011 本試　問 13)

Unit
1
Unit
2
Unit
3
Unit
4
Unit
5
Unit
6
Unit
7
Unit
8
Unit
9
Unit
10
Unit
11
Unit
12
Unit
13
Unit
14
Unit
15
Unit
16
Unit
17
Unit
18
Unit
19
Unit
20
Unit
21
Unit
22
Unit
23
Unit
24
Unit
25
力試し

満点のコツ その6 👑 消える接続詞に注意！

接続詞は非常に弱く発音されます。たとえば，while は「ホワィル」ではなく「ウィ」ぐらいに聞こえます。but も，後ろの単語にくっついて発音されます。たとえば but I なら「バラィ」の感じですね。

❯ 解答・解説

1. When I first came to Japan, I was surprised when people asked if I was annoyed by **the sounds of insects such as cicadas.**

🗐 私が初めて日本に来たとき，セミのような昆虫の鳴き声によって気分を悪くするかどうかと尋ねられて驚いた。

when や if といった**接続詞の弱化**に慣れてください。 （設問正解率：54.4%）

2. Therefore, in most cases, **the elderly** live in their own homes, while their grown children move away and live elsewhere.

🗐 それゆえ，たいていの場合，老人は自分自身の家に住み，その一方で，成長した子ども達は引っ越し，他の場所で暮らす。

while や and は非常に弱く発音されます。慣れましょう。

（設問正解率：〈問23〉71.9%）

3. My grandmother's name was the most popular when she was born in the 30s, and stayed **the most popular for another two decades.**

🗐 うちの祖母の名前は祖母が生まれた1930年代には一番人気があり，次の20年間もずっと一番でした。

when と and の聞き取りです。 （設問正解率：〈問17〉55.0%）

4. Hmm, I need to come early, but I have plans for lunch.

🗐 うーん，早く来る必要があるけど，昼食の予定もあるから。

but I の発音に慣れてください。 （設問正解率：83.2%）

2 コツを使って難問に挑戦　No. 1

問1．英語を聞き，その内容と最もよく合っているものを一つ選びなさい。
2回流します。

① The speaker doesn't want Meg to go home.
② The speaker doesn't want to go home.
③ The speaker wants Meg to go home.
④ The speaker wants to go home.

(2022 追試　問2)

問2．聞こえてくる英文の内容に最も近い絵を一つ選びなさい。**2回流します**。

①

②

③

④

(第2回プレテスト　第1問B　問1)

❯ 解答・解説

問1. **正解** ④　　　　　　　　　　　　　　　　　　　　　　（正解率：58.8%）

I'm tired, Meg. Do you <u>mind if I</u> go home?

訳　僕は疲れたよ，メグ。家に帰ってもいい？

　正解は④「話者は家に帰りたい」です。Do you mind if I ～？で「私が～することをあなたは気にしますか→私は～してもいいですか」の意味で，相手に許可を求める表現です。mind if I がくっついて発音されるため，"I" が聞こえないと③にする可能性が高いでしょう。③「話者はメグに家に帰ってほしい」を選んだ人が27.8%でした。①「話者はメグに家に帰ってほしくない」②「話者は家に帰りたくない」

問2. **正解** ①　　　　　　　　　　　　　　　　　　　　　　（正解率：16.2%）

He got a phone call from Joe <u>as soon as</u> he arrived home from the library.

訳　彼が図書館から帰宅した途端にジョーから電話があった。

　as soon as で一つの接続詞ですが，全体として一つの単語のように発音されるため聞き取りにくくなっています。from は前置詞なので非常に速く弱く発音されていることにも注意しましょう（⇨ P.22）。さらに phone call や arrived home はつながって聞こえてきます（⇨ P.64）。

　前半の「ジョーから電話があった」は，すべてのイラストに当てはまるので答えの確定には使えません。よって後半の「図書館から家に着いたときすぐに」が答えの根拠となっていることがわかります。実は arrived home だけで正解は①だと確定できます。正解率が低いのは，上記で述べた聞き取りの難しさが原因でしょう。

3 コツを使って難問に挑戦　No. 2

問3．これから流れる英語を聞き，それぞれの問いの答えとして最も適切
　　　なものを一つずつ選びなさい。　　　　　　　（2008 本試　第4問B　改）

1．Where does this kind of shrimp usually live?

① In black-colored water on the shore.
② In mineral water from Hawaii.
③ In slightly salty water by the sea.
④ In the sea near Hawaii.

（問 23）

2．What did the speaker do when she was given the shrimp as a souvenir?

① She decided to buy a new fishbowl for them and left them on the kitchen table.
② She didn't know what to do and decided to ask her mother the following morning.
③ She put them in a clear plastic bottle, which she left on the table by her bed.
④ She put them in a glass fishbowl that she found in the kitchen cupboard.

（問 24）

● 解答・解説

問3. **正解** 1—③, 2—① （正解率：1—58.7%, 2—42.0%）

①The other day, a friend of mine came back from Hawaii and gave me some live Hawaiian Red Shrimp. **②**They're really thin and tiny, less than one centimeter long, but if you look closely, you'll see that they're shaped like any other shrimp. **③**They live in pools of "brackish water," which is slightly salty water found along the shore where fresh water from the land and sea water mix.

④I was given about twenty of them as a souvenir, in a small, clear plastic bottle, the kind that mineral water comes in. **⑤**The shrimp were playing around in the bottle. **⑥**I planned to go and find a nice glass fishbowl on the weekend <u>so my new pets could swim</u> in it <u>and</u> I could enjoy watching them swim around. **⑦**I left the bottle on the kitchen table <u>and</u> went to bed.

訳 **①**先日，友人がハワイから帰って来て，生きたハワイアン赤エビをくれました。**②**それは本当に細くて小さく，長さも1センチに満たないものです。けど，よくよく見ると，それはほかのエビと似た形をしているとわかります。**③**それらが住むのは「塩水」のたまりで，それは少しの塩分を含む水で，陸からの真水と海水が混ざる海岸で見つかります。

④私はお土産にそのエビを20匹ほどもらいました。それは小さな透明のミネラルウオーターを入れておくようなプラスチック容器に入っていました。**⑤**エビたちは容器の中で遊び回っていました。**⑥**週末に素敵なガラスの水槽を見つけて，その中で新しいペットが泳ぎ，それらが泳ぎ回るのを見ることができるようにしようと考えていました。**⑦**私は，その容器を台所のテーブルの上において寝ました。

1.「通常その種のエビはどこに住んでいるのか？」 第③文より③「海のそばの少し塩気のある水の中」が正解。①「海岸の黒い色の水の中」を選んだ人は21.0%。第③文の brackish の r と l の区別（⇨ P.76）に要注意です。

2.「お土産としてもらったエビを話者はどうしたか？」 最終2文より①「エビのための新しい水槽を買うことに決め，エビは台所のテーブルの上に置いた」が正解。まずは，第⑥文の so S can〔could〕V「S が V するために」がポイントです。この so は非常に速く弱く発音されます。さらに，直後の and や次の文の and も弱いため，最終2文が聞き取れなかった人が多かったようです。

Unit 7 — that

音声 🔊

Unit 1
Unit 2
Unit 3
Unit 4
Unit 5
Unit 6
Unit 7
Unit 8
Unit 9
Unit 10
Unit 11
Unit 12
Unit 13
Unit 14
Unit 15
Unit 16
Unit 17
Unit 18
Unit 19
Unit 20
Unit 21
Unit 22
Unit 23
Unit 24
Unit 25
力試し

1 ディクテーションに挑戦

音声を聞いて下線部の英語を埋めてください。

1. No thanks. _____.

(2013 本試 問 15)

2. Another _____

_____.

(2013 追試 問 21)

3. They look heavy.

_____.

(2013 追試 問 2)

4. Most people think of luck as only a matter of chance, but _____

_____ ?

(2011 追試 第 4 問 B)

満点のコツ その7 👑 消える that に注意！

that は，関係代名詞，接続詞の場合はほとんど the と同じように弱くなります。一方，指示代名詞（形容詞，副詞）の場合は強く発音されます。

❯ 解答・解説

1．**No thanks.** All I need is a phone that dials and rings.

訳 結構です。ダイヤルできて鳴れば（＝通話できれば）それで十分です。

関係代名詞の that は，きわめて弱く発音されます。　（設問正解率：88.5%）

2．**Another** is to tell your dog to sit in different places so that it learns how to do it anywhere.

訳 もう一つは，犬がどこででもそれのやり方を覚えるように，様々な場所で犬に座るように言うことだ。

接続詞 so that の一部の **that** も非常に弱く発音され，省略されることもあります。　（設問正解率：80.9%）

3．**They look heavy.**

I want some lightweight ones that go inside my ears.

訳 それらは重そうだ。耳の中に入る軽いのが欲しい。

ここは**関係代名詞の that** です。**that go** が一息で発音されます。

（設問正解率：71.7%）

4．**Most people think of luck as only a matter of chance,** but did you know that there are ways to improve your luck?

訳 大半の人は運を偶然のものにすぎないと考えている。しかし，運を上げる方法があるのを知っていただろうか？

ここは**接続詞の that** です。後ろの there are も弱いため，ひと続きに聞こえます。

（設問正解率：〈問 23〉81.3%）

2　コツを使って難問に挑戦　No. 1

問1．対話を聞き，最後の発言に対する相手の応答として最も適切なもの
　　を一つ選びなさい。

   ① Oh no, I didn't email that.
   ② Oh no, I didn't receive it.
   ③ Oh no, I don't need to send it.
   ④ Oh no, I don't want that.

（2014 本試　問8）

問2．対話の場面が日本語で書かれています。対話を聞き，問いの答えと
　　して最も適切なものを一つ選びなさい。

夫婦が販売店で車を選んでいます。

Which car does the woman prefer?

   ① The black one
   ② The blue one
   ③ The green one
   ④ The white one

（2021 本試（第2日程）　問14）

● 解答・解説

問1. **正解** ④ （正解率：30.1%）

W：Have you finished filling out the form on the website?
M：Yes. I did all that. See?
W：Wait. Checking this box means you want to receive their email magazine.

訳　女：ウェブサイトのフォームに入力できた？
　　男：うん，全部終わった。ほらね？
　　女：待って。この欄にチェックをいれると，メルマガが欲しいってことになるよ。

　正解は④「ああ，だめ。そんなのいらないよ」。did all that の that は指示代名詞で比較的強いですが，ひと続きに読まれ，聞き取りにくいです。また，this box は「ニィスボク」に聞こえるので，混乱した人が多かったようです。41.8%の人が②「ああ，しまった。それを受け取らなかった」を選びました。

問2. **正解** ② （正解率：45.8%）

M：I like both the blue one and the black one. How about you?
W：I see the blue car, but where's the black one? Do you mean that dark green one with the white seats?
M：Yes. Do you like that one?
W：Well, it's OK, but I like the other one better.

訳　男：僕は青いのも黒いのも好きだな。君はどう？
　　女：青い車は見えるけど，黒いのはどこにあるの？　あの白い座席の深緑色のやつのこと？
　　男：そうだよ。君はあの車，いいと思う？
　　女：うーん，悪くないけど，私はもう一つの方がいいわ。

　女性が好んでいる車は，②「青色の車」です。the black one → that dark green one → that one と言い換えられていることがポイントです。指示形容詞の that は強く読まれるので聞き取りは容易かもしれませんが，言い換えについていけたかどうかがポイントです。①「黒色の車」，③「緑色の車」，④「白色の車」を選んだ人が，それぞれ20.8%，12.5%，20.8%でした。

3 コツを使って難問に挑戦　No. 2

問3. 対話を聞き，答えとして最も適切なものを一つ選びなさい。

Which boots did the woman choose?

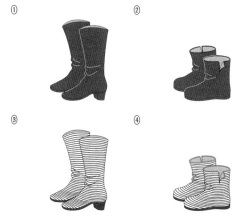

① ② ③ ④

（2014 追試　問1）

問4. 対話を聞き，答えとして最も適切なものを一つ選びなさい。

According to the man, which statement is true?

① The new light bulb can be dangerous.

② The new light bulb is unbreakable.

③ The new light bulb isn't sold yet.

④ The new light bulb never needs to be replaced.

（2010 本試　問16）

Unit 1
Unit 2
Unit 3
Unit 4
Unit 5
Unit 6
Unit 7
Unit 8
Unit 9
Unit 10
Unit 11
Unit 12
Unit 13
Unit 14
Unit 15
Unit 16
Unit 17
Unit 18
Unit 19
Unit 20
Unit 21
Unit 22
Unit 23
Unit 24
Unit 25
力試し

● 解答・解説

問3. **正解** ②　　　　　　　　　　　　　　　　　　　　　　(正解率：74.3%)

> M：Nice boots.
> W：Thanks. I almost bought striped ones, but I picked black ones instead.
> M：It's great <u>that</u> they sell short ones too.
> W：Yeah, the long ones were too heavy.

訳　男：いいブーツだね。
　　女：ありがとう。もうちょっとで縞模様のやつを買うところだったんだけど，それをやめて黒にしたんだ。
　　男：ショートブーツも売っているなんていいよね。
　　女：うん。ロングブーツはとても重かったしね。

　「女性が選んだブーツはどれか？」　接続詞 that はほとんど聞こえず，このあたりで混乱した人がいたようです。

問4. **正解** ①　　　　　　　　　　　　　　　　　　　　　　(正解率：51.9%)

> M：There's a new type of light bulb for sale <u>that</u> lasts almost forever.
> W：You mean you don't need to replace it so often?
> M：That's right.
> W：Wow, I should get some.
> M：Yeah, but you still have to be careful not to break them because they contain poisonous material.
> W：I'll keep <u>that</u> in mind.

訳　男：半永久的に持つ新しいタイプの電球もありますよ。
　　女：それほど頻繁に交換しなくてもよいっていうこと？
　　男：その通りです。
　　女：へえ，じゃあ，買うわ。
　　男：はい。ただ，有毒物質を含んでいますから割らないように注意してください。
　　女：覚えておくわ。

　正しい英文を選ぶ問題。正解は① 「新しい電球は危険かもしれない」。<u>that</u> lasts, break **them**, **they** contain, keep **that** の発音に気をつけてください。特に，keep <u>that</u> は指示代名詞で比較的強いですが，<u>that</u> lasts の that は関係代名詞で [ðə] くらいにしか聞こえない点に注意。

Unit 8　助動詞　音声

1 ディクテーションに挑戦

音声を聞いて下線部の英語を埋めてください。

1. Yeah, _____.

（2014 本試　問 13）

2. OK, _____.

_____.

（2010 追試　問 13）

3. Wow, _____!

（2008 追試　問 11）

4. Thanks, _____.

（2008 本試　問 12）

Unit 1
Unit 2
Unit 3
Unit 4
Unit 5
Unit 6
Unit 7
Unit 8
Unit 9
Unit 10
Unit 11
Unit 12
Unit 13
Unit 14
Unit 15
Unit 16
Unit 17
Unit 18
Unit 19
Unit 20
Unit 21
Unit 22
Unit 23
Unit 24
Unit 25
力試し

満点のコツ その8 👑 消える助動詞に注意！

助動詞は弱く発音されます。たとえば I can do it. の can を「キャン」と強く発音すると，英米人には I can't do it. と聞こえてしまいます。例外は文末に置かれた場合と，動詞が省略された場合です。

❯ 解答・解説

1. **Yeah,** but I don't know if I can do a good job.

   訳 うん，けど，いい仕事ができるかどうかは知らないよ。

   助動詞 can は弱く発音されます。Can you ...? などは「クニュー」と聞こえることもあります。 (設問正解率：85.0%)

2. **OK,** but I might be late.

   I can't come until I finish all my work.

   訳 了解。でも遅れるかもしれない。全部の仕事が終わるまでは行けないから。

   助動詞 might は弱く発音されます。can't は副詞の not との合成語ですから，can よりは強く発音されますが，t の音はほぼ聞こえません。

   (設問正解率：55.5%)

3. **Wow,** that must have been exciting!

   訳 ああ，それは面白かったに違いない！

   must も have も弱く，おまけに been まで弱いので，must have been がつながって発音されます。 (設問正解率：62.2%)

4. **Thanks,** but I couldn't have done it without your help.

   訳 ありがとう。でも君の助けなしではできなかったよ。

   couldn't は not が副詞なので，やや強く発音されますが，助動詞 have は弱く「ヴ」ぐらいに発音されます。 (設問正解率：75.5%)

2 コツを使って難問に挑戦　No. 1

問1. 対話を聞き，答えとして最も適切なものを一つ選びなさい。

Why won't the man cook the dish?

① He doesn't want to boil the beans.

② He doesn't want to prepare the chilies.

③ He doesn't want to put in the spices.

④ He doesn't want to soak the beans.

(2011 追試　問 15)

問2. 英語を聞き，その内容と最もよく合っているものを一つ選びなさい。
2回流します。

① David gave the speaker ice cream today.

② David got ice cream from the speaker today.

③ David will get ice cream from the speaker today.

④ David will give the speaker ice cream today.

(2021 本試（第1日程）　問4)

Unit 1
Unit 2
Unit 3
Unit 4
Unit 5
Unit 6
Unit 7
Unit 8
Unit 9
Unit 10
Unit 11
Unit 12
Unit 13
Unit 14
Unit 15
Unit 16
Unit 17
Unit 18
Unit 19
Unit 20
Unit 21
Unit 22
Unit 23
Unit 24
Unit 25
力試し

● 解答・解説

問1. **正解** ②　　　　　　　　　　　　　　　　　　　　　（正解率：36.1%）

M : These chili beans are delicious. How did you make them?

W : First I boiled the beans for a couple of hours.

M : <u>Even I can do that</u>. Then just add some chilies for flavor, right?

W : No, it's not that simple. Before that, you have to soak, chop, and fry the chilies.

M : Forget about it.

訳　男：このチリビーンズは美味しいね。どうやって作ったの？
　　女：まず，2，3時間豆を煮るの。
　　男：僕でもできるね。それからチリを香りづけに加えるんだろ？
　　女：いいえ，そんなに簡単ではないわよ。その前に，チリを水に浸して，刻んで，炒めるのよ。
　　男：あきらめるよ。

　男性がその料理を作らないであろう理由が問われています。正解は②「チリを準備したくない」。Even I can do that. のあたりから聞き取れず，間違えた人が多いようです。④「豆を水に浸したくない」は30.3%，③「スパイスを入れたくない」は17.8%，①「豆を煮たくない」は15.8%の人が選びました。

問2. **正解** ②　　　　　　　　　　　　　　　　　　　　　（正解率：38.8%）

I <u>won't</u> give David any more ice cream today. I gave him some after lunch.

訳　今日はもうデイビッドにアイスクリームはあげません。昼食後にいくらかあげたので。

　正解は②「デイビッドは今日，話者からアイスクリームをもらった」です。won't[wóunt]をwant[wánt/wɔ́ːnt]と混同した人が間違えたようです。①「デイビッドは今日，話者にアイスクリームをあげた」，③「デイビッドは今日，話者からアイスクリームをもらう」，④「デイビッドは今日，話者にアイスクリームをあげる」を選んだ人がそれぞれ16.3%，32.7%，12.2%でした。

3 コツを使って難問に挑戦 No.2

問3. 英語を聞き，その内容と最もよく合っているものを一つ選びなさい。
2回流します。

① There are fewer than 20 students in the classroom right now.
② There are 22 students in the classroom right now.
③ There will be just 18 students in the classroom later.
④ There will be more than 20 students in the classroom later.

(2023 本試　問4)

問4. 音声を聞き，答えとして最も適切なものを一つ選びなさい。

Who is going to take the net down?

① Coach.
② Jiro.
③ Kenji.
④ Yumiko.

(2006 本試　問21)

Unit 1
Unit 2
Unit 3
Unit 4
Unit 5
Unit 6
Unit 7
Unit 8
Unit 9
Unit 10
Unit 11
Unit 12
Unit 13
Unit 14
Unit 15
Unit 16
Unit 17
Unit 18
Unit 19
Unit 20
Unit 21
Unit 22
Unit 23
Unit 24
Unit 25
力試し

● 解答・解説

問3. **正解** ④ （正解率：66.7％）

There are twenty students in the classroom, and <u>two more will</u> come after lunch.

訳 教室には20人の学生がいて、昼食後にもう2人来ます。

　正解は④「このあと、20人を超える学生が教室にいることになる」です。two more will ～「（今の数に加えて）さらに2人～だろう」の部分を聞き取れたかどうかがポイントです。一般に〈数字＋比較級〉では、数字は追加分を示します（[例] I am two years older than Tom.「私はトムより2つ年上だ」）。①「今、教室には20人足らずの学生がいる」　②「今、教室には22人の学生がいる」　③「このあと、ちょうど18人の学生が教室にいることになる」

問4. **正解** ② （正解率：34.0％）

①Hi, Coach. ②This is Jiro. ③Um, I'm calling about Saturday's tennis practice. ④I know I said that I'd go to the court early to set up the net, but I'm afraid I <u>can't</u> get there by 10:00. ⑤The earliest <u>would</u> be around noon. ⑥So, I asked Kenji if he <u>could</u> do it instead of me, and he said that <u>would</u> be no problem. ⑦He has to study with Yumiko in the afternoon, so <u>he can't take the net down</u>, but I'll be there by then, so don't worry. ⑧OK? ⑨Bye.

訳 ①こんにちは、監督。②ジローです。③電話したのは土曜日のテニスの練習についてです。④ネットを張りに早い時間にコートに行くと言いましたが、10時までに行けません。⑤早くても正午ごろです。⑥だから、ケンジに僕の代わりにネットを張るように頼んでおきました。ケンジは大丈夫と言ってくれました。⑦ケンジは、午後はユミコと勉強するらしいのでネットを降ろすことはできませんが、そのときまでには僕が行けるので大丈夫です。⑧よろしいですか？⑨さようなら。

　「ネットを降ろす人は誰か？」　正解は②「ジロー」。助動詞が数多く出てきますが、ほとんど弱いです。特に、**第⑦文後半**の he <u>can't</u> take the net down が聞き取れず、③「ケンジ」にした人が36.2％もいました。

Unit 9 | 疑問詞

音声

Unit 1
Unit 2
Unit 3
Unit 4
Unit 5
Unit 6
Unit 7
Unit 8
Unit 9
Unit 10
Unit 11
Unit 12
Unit 13
Unit 14
Unit 15
Unit 16
Unit 17
Unit 18
Unit 19
Unit 20
Unit 21
Unit 22
Unit 23
Unit 24
Unit 25
力試し

1 ディクテーションに挑戦

音声を聞いて下線部の英語を埋めてください。

1. _____?

   (2006 本試 問6)

2. _____. _____?

   (2009 本試 問10)

3. _____?

   (2013 本試 問7)

4. _____? _____.

   (2014 本試 問13)

中学校で習う疑問詞も聞き取るとなると意外と困難な場合があります。特に，When is he going to leave? などのような〈疑問詞＋be 動詞〉では，〈疑問詞＋be 動詞〉が一緒に読まれるため，聞き取りにくくなります。

● 解答・解説

1. How's the study abroad program going?
訳 留学のプログラムはどんな調子なの？
How is は，口語では，**How's** と短縮形になるのが普通です。

(設問正解率：76.6%)

2. Hold on. Where did I put my purse?
訳 ちょっと待って。私，財布どこにやったっけ？
Where did I までが一気に読まれます。 (設問正解率：69.4%)

3. What club are you going to join when school starts?
訳 学校が始まったらどのクラブに入るの？
〈疑問詞＋名詞〉では，名詞の方が強く発音され，疑問詞は弱く発音されます。また，接続詞 when もほとんど聞こえません。 (設問正解率：96.8%)

4. Guess what? The tennis club chose me to be captain.
訳 ちょっと聞いてくれる？ テニス部の部長に選ばれたんだ。
Guess what? は，「なんだと推測する？」が直訳ですが，何か話を切り出すときに使う表現です。語末の t が脱落し，**「ゲスワァ」**のように聞こえます。

(設問正解率：85.0%)

2　コツを使って難問に挑戦　No.1

問1．対話の場面が日本語で書かれています。対話とそれについての問い
を聞き，その答えとして最も適切なものを一つ選びなさい。

ケガをした患者と医者が話をしています。

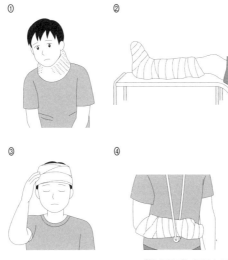

①　　　　　②

③　　　　　④

（第1回プレテストB　第2問　問13）

問2．対話を聞き，最後の発言に対する相手の応答として最も適切なもの
を一つ選びなさい。

① I guess you don't mind the heat.

② I hope you have a good time.

③ Was that really your last trip?

④ You will probably spend a lot there!

（2010 本試　問10）

● 解答・解説

問1. **正解** ④ (正解率：56.9%)

M：<u>How long</u> do I have to wear this?

W：At least six weeks.

M：<u>How</u> will I take notes in class, then?

W：You'll have to talk to your teacher about that.

Question：Which picture shows the patient's condition?

訳 男：どれくらいの間，これをつけておかねばならないのですか？
女：少なくとも6週間ですね。
男：では，授業中にどうやってメモを取ればいいのでしょうか？
女：それについては学校の先生に聞いてみないといけないでしょうね。
質問：患者の症状を示している絵はどれか。

　How long「どれくらいの間」やHow「どのようにして」という疑問詞の理解がポイントです。特に2番目の男性のセリフ「どうやってメモを取ればいいのでしょう」より，メモを取ることが困難であることがわかります。よって，手を怪我している④を選びます。なお，日本語の「メモ」は英語では普通noteということも覚えておいてください。

問2. **正解** ① (正解率：37.8%)

M：I spent last summer traveling in Mexico.

W：<u>Why did you</u> decide to go to Mexico?

M：Well, it's cheap there, and I love sunshine!

訳 男：この前の夏はメキシコを旅行したんだ。
女：どうしてメキシコに決めたの？
男：うん，安いし，おまけに太陽の光が好きなんだ。

　正解は①「あなたは暑さが気にならないようね」です。②「楽しく過ごせればいいね」，④「たぶんあちらではお金をたくさん使うことになるね」は，共に未来のことなので不適ですが，それぞれ41.5％，11.1％の人が選んでいます。spent last summer を聞き逃し，Why did you の部分もつながっているため，過去であることがわからなかったようです。なお，③「それが本当に最後の旅だったの？」を選んだ人は9.6％いました。ここでは消去法が有効です。

3 コツを使って難問に挑戦 No. 2

問3. 対話の場面が日本語で書かれています。対話を聞き，問いの答えとして最も適切なものを一つ選びなさい。

台所で夫婦が食料品を片付けています。

What will be put away first?

   ① Bags

   ② Boxes

   ③ Cans

   ④ Containers

（2021 本試（第1日程） 問13）

● 解答・解説

問3. **正解** ② （正解率：18.8%）

M：Where do these boxes go?

W：Put them on the shelf, in the back, and then put the cans in front of them, because we'll use the cans first.

M：How about these bags of flour and sugar?

W：Oh, just leave them on the counter. I'll put them in the containers later.

訳　男：この箱はどこに入れるの？

　　女：棚にしまって，奥の方にね。それからその手前に缶詰を置いてね。最初に缶詰を使うからね。

　　男：この小麦粉と砂糖の袋はどうするの？

　　女：ああ，それはカウンターの上に置いてくれたらいいよ。あとで容器に移し替えるから。

　「最初に片付けるのは何か？」が問われています。正解は②「箱」です。男性の最初の発言が聞き取れるかどうかで決まります。**Where do S go?**「S はどこへやればいいのか」は慣用句ですが，たとえそれがわからなくても **Where** と **box** が聞き取れれば何とかなりそうです。65.9％もの人が the cans first の部分を頼りに③「缶詰」を選んだようです。①「袋」，④「容器」を選んだ人がそれぞれ 3.5％，7.1％でした。

　音声が1回しか流れない問題では，**状況や問いをあらかじめよく読み，どのような話が展開されるかを予想できているか**がポイントとなります。特に，本問のような会話の冒頭が聞き取りのカギになる問題では，なおのことそうした予想が大切です。

Unit **10** つながる音　音声

1 ディクテーションに挑戦

音声を聞いて下線部の英語を埋めてください。

1. A cone, please. Oh, and _____?

(2008 本試　問 5)

2. Yeah, _____.

(2012 本試　問 11)

3. You know _____

_____ now.

(2007 本試　第 3 問 B)

4. OK. _____.

(2012 本試　問 15)

満点のコツ その10 つながる音に慣れよう！

単語1語で発音すると簡単なものでも，つながると難しくなります。たとえば an onion and rice は「アニャニャンリィ」と聞こえてしまいます。書くときにはバラバラでも，言うときにはつながるわけです。そこを意識して自分の発音も矯正してみましょう。

◉ 解答・解説

1. A cone, please. Oh, and could you add a scoop of uh ... vanilla?

訳 コーンでお願いします。そして，うーん…バニラも追加で。

add a scoop がくっついて，scoop of がくっつきます。また，vanilla は，日本人が苦手とする発音と言われています。練習してください。

（設問正解率：76.9%）

2. Yeah, I wonder when we can send our winter clothes to the cleaner's.

訳 うん，冬物の服をいつクリーニング屋さんに持っていったらいいかと思ってるのよ。

when we can が一気に発音され，「ウェウィクン」のように聞こえます。

（設問正解率：53.2%）

3. You know it was empty when you saw it, but it looks really different now.

訳 あなたがそれを見たときには空だったけど，今は全然違って見えるよ。

when you saw it と but it がくっついて聞こえます。

（設問正解率：〈問17〉76.0%）

4. OK. Let me look it up in the database first to see if we have it.

訳 了解しました。それがあるかどうか確認するために，まずデータベースを確認させてください。

look it up in, see if we have it がそれぞれくっついて，ゴニョゴニョと聞こえます。

（設問正解率：89.7%）

2 コツを使って難問に挑戦　No. 1

問1．対話を聞き，答えとして最も適切なものを一つ選びなさい。

What will the message look like?

Congratulations!	John and Mary	Jan. 27, 2007	John and Mary
John and Mary	Congratulations!	Congratulations!	Jan. 27, 2007
Jan. 27, 2007	Jan. 27, 2007	John and Mary	Congratulations!
①	②	③	④

（2007 追試　問 6 ）

問2．対話を聞き，答えとして最も適切なものを一つ選びなさい。

What do the man and woman agree about?

① Most of the stories present real social problems.

② Some technological ideas have become reality.

③ The plots are quite interesting.

④ The special effects are excellent.

（2010 追試　問 14）

Unit 1
Unit 2
Unit 3
Unit 4
Unit 5
Unit 6
Unit 7
Unit 8
Unit 9
Unit 10
Unit 11
Unit 12
Unit 13
Unit 14
Unit 15
Unit 16
Unit 17
Unit 18
Unit 19
Unit 20
Unit 21
Unit 22
Unit 23
Unit 24
Unit 25
力試し

● 解答・解説

問1. **正解** ②　　　　　　　　　　　　　　　　　　　　　　　(正解率：46.2%)

> W : How should I arrange the message on the wedding cake?
> M : Write the couple's <u>names above</u>, and the date below the word
> "Congratulations."

訳　女：ウエディングケーキのメッセージはどのような配置にしますか？
　　男：夫婦の名前は「おめでとう」という言葉の上で，日付は言葉の下でお願いします。

　メッセージがどのようになるかを答える問題。names above が「ネィム
ザバヴ」のように聞こえ，難しく感じた人も多いのではないでしょうか。

問2. **正解** ②　　　　　　　　　　　　　　　　　　　　　　　(正解率：40.0%)

> W : How can you like science fiction movies?
> M : Well, the special effects are great.
> W : What? They're all fake!
> M : You know, many old movies introduced <u>things we're using now</u>, like
> computers and satellites.
> W : True, but the plots are so similar and boring.
> M : Actually, most of them deal with social issues.
> W : I doubt that.

訳　女：SF 映画なんかどうして見る気になるの？
　　男：うん，特殊効果が素晴らしいんだ。
　　女：ええ？　あんなのウソばかりじゃないの！
　　男：知ってる通り，僕たちが今使っているコンピュータや衛星などを紹介した昔
　　　　の映画は多いよ。
　　女：確かにそうだけど，話の筋は似たもので退屈よね。
　　男：実際，その大半は社会問題を扱っているんだよ。
　　女：そうかしらね。

　男性と女性がともに同意しているのは，② 「技術に関わる考えが現実になっ
たものもある」だけ。① 「大半の物語が現実の社会問題を扱う」，④ 「特殊効
果が素晴らしい」にした人はそれぞれ 30.3%，21.3%。things we're using
now がつながって，ごちゃごちゃと聞こえます。

3 コツを使って難問に挑戦 No. 2

問3. 対話を聞き，答えとして最も適切なものを一つ選びなさい。

Which clock do the man and the woman order?

① 　②

③ 　④

（2009 本試　問5）

問4. 対話を聞き，答えとして最も適切なものを一つ選びなさい。

Where can the man send a fax?

（2008 追試　問3）

❯ 解答・解説

問3. 正解 ②　　　　　　　　　　　　　　　　　　　　　　（正解率：22.5%）

M：Let's get a new alarm clock.

W：Yes, this white one looks really easy to read.

M：They have a black one with big hands, too.

W：OK, let's order that one.

訳　男：新しい目覚まし時計を買おうよ。
　　女：そうね。この白いのは本当に見やすそうよ。
　　男：大きな針のついた黒いやつもあるよ。
　　女：わかった。それを注文しましょう。

　「男性と女性が注文する時計はどれか？」　最初の Let's get a がつながり，one with big もつながります。また，They have は弱く速く発音されます。④にした人が71.9%もいましたが，おそらく with big hands の部分が聞き取れなかったことが原因でしょう。

問4. 正解 ②　　　　　　　　　　　　　　　　　　　　　　（正解率：22.4%）

M：I need to send a fax.

W：There's a convenience store straight ahead at the second light. Ah sorry, they don't have a fax machine. But the one a block further up does.

訳　男：ファックスを送らなければなりません。
　　女：まっすぐ行って2つ目の信号の所にコンビニがあります。ああ，すみません。そこにはファックスはありません。でも，1ブロック向こうのコンビニにはあります。

　「男性はどこでファックスを送ることができるか？」　straight ahead at が，くっついてゴニョゴニョと聞こえます。further up もひとかたまりに聞こえます。全体的に非常に聞きづらい印象があるため誤答は分散しています。③と④がいずれも28.0%，①が21.6%でした。

Unit 11 暗い「アー」 音声

Unit 1
Unit 2
Unit 3
Unit 4
Unit 5
Unit 6
Unit 7
Unit 8
Unit 9
Unit 10
Unit 11
Unit 12
Unit 13
Unit 14
Unit 15
Unit 16
Unit 17
Unit 18
Unit 19
Unit 20
Unit 21
Unit 22
Unit 23
Unit 24
Unit 25
力試し

1 ディクテーションに挑戦

音声を聞いて下線部の英語を埋めてください。

1. Sorry, ma'am. Did you _____?

(2010 追試　問 4)

2. _____, right?

(2013 本試　問 10)

3. Helen Keller, _____

_____, visited Japan three times.

(2015 本試　第 4 問 B)

4. One day _____

_____,

but was making up her own original melodies.

(2010 追試　第 4 問 B)

満点のコツ その11 👑 暗い「アー」に慣れよう！

英語の「アー」の音には2種類あります。一つは card，arm などの ar に登場する[ɑːr]で，これは比較的聞き取りやすい音（**明るい「アー」**）です。ところが，ar 以外に登場する[əːr]は，舌を後ろに引いて喉から出す音（**暗い「アー」**）で，この音を聞き取れない人が多いようです。

❱ 解答・解説

1. **Sorry, ma'am. Did you** order the one with a large pearl?

🈺 申し訳ございません，奥様。大きな真珠のついたものをご注文でしたか？

with は弱い。large は**明るい「アー」**で，pearl が**暗い「アー」**。また，pearl の語尾は「ル」ではなく，「オゥ」に近い。　　　　（設問正解率：80.0%）

2. You heard that Carla is in the hospital, **right?**

🈺 カーラが入院しているって聞いたんでしょ？

You heard that までが連続して聞こえます。heard は**暗い「アー」**です。
（設問正解率：73.9%）

3. **Helen Keller,** admired for her work on behalf of people with disabilities, **visited Japan three times.**

🈺 ヘレン＝ケラーは，障害をもつ人々のための活動で賞賛を集めており，3度来日している。

work は**暗い「アー」**です。walk[wɔːk]とは区別してください。
（設問正解率：〈問23〉64.9%）

4. **One day** it occurred to the school's music therapist that perhaps she was not humming tunes of songs she had heard, **but was making up her own original melodies.**

🈺 ある日，ひょっとしたら彼女は聞いたことのある歌の調べを口ずさんでいるのではなく，独自のメロディーを作っているのでは，ということを学校の音楽療法士は思いついた。

occurred と heard の「アー」は**暗い「アー」**です。（設問正解率：〈問24〉54.2%）

2　コツを使って難問に挑戦　No. 1

問1．英語を聞き，その内容と最もよく合っているものを一つ選びなさい。
2回流します。

① Yuji is living in Chiba.
② Yuji is studying in Chiba.
③ Yuji will begin his job next week.
④ Yuji will graduate next week.

（2021 本試（第1日程）　問3）

問2．対話を聞き，答えとして最も適切なものを一つ選びなさい。

What does the woman say?

① The man can take Saturday off this week.
② The man cannot go to his friend's wedding.
③ The man should not work an additional day next week.
④ The man should tell her about his absence next week.

（2009 本試　問16）

Unit 1
Unit 2
Unit 3
Unit 4
Unit 5
Unit 6
Unit 7
Unit 8
Unit 9
Unit 10
Unit 11
Unit 12
Unit 13
Unit 14
Unit 15
Unit 16
Unit 17
Unit 18
Unit 19
Unit 20
Unit 21
Unit 22
Unit 23
Unit 24
Unit 25
力試し

❯ 解答・解説

問1. [正解] ③　　　　　　　　　　　　　　　　　　　　　　　　（正解率：28.6%）

> To start <u>working</u> in Hiroshima next week, Yuji moved from Chiba the day after graduation.

訳　来週，広島で仕事を始めるために，ユウジは卒業の翌日，千葉から引っ越した。

　正解は③「ユウジは来週，仕事を始める」です。working の発音が暗い「アー」ですが，その辺りで聞き取れなかったのと，moved や**前置詞 from** を聞き取れなかったためか正解率はかなり低くなっています。なお，the day after ~ は「~の翌日」の意味です（[例] the day after tomorrow「明後日」）。①「ユウジは千葉に住んでいる」，②「ユウジは千葉で勉強している」，④「ユウジは来週，卒業する」を選んだ人が，それぞれ 26.5%，16.3%，28.6%でした。

問2. [正解] ①　　　　　　　　　　　　　　　　　　　　　　　　（正解率：25.0%）

> M : Could I take a day off tomorrow?
> W : Well, we're pretty busy on Saturdays.
> M : I know, but I'd like to attend my friend's wedding. I can work an extra day next week instead.
> W : I guess that'll <u>work</u>, but next time let me know <u>earlier</u>.

訳　男：明日，お休みを頂いてもいいですか？
　　女：うーん，土曜日はとても忙しいわね。
　　男：わかっていますが，友達の結婚式に出たいと思いまして。代わりに次の週は一日余分に働きますから。
　　女：それでいいけど，次はもっと早く言ってね。

　女性が何と言っているのかが問われています。正解は①「今週，男性は土曜日に休める」です。work と earlier が暗い「アー」です。that'll work の work は「うまくいく，機能する」の意です。③「男性は来週，余分に一日働くべきではない」が 29.4%，④「男性は来週，自分の欠席を彼女に言うべきだ」が 28.8%，②「男性は友人の結婚式に行けない」が 15.6%でした。

3　コツを使って難問に挑戦　No. 2

問3. 対話の場面が日本語で書かれています。対話を聞き，問いの答えとして最も適切なものを一つ選びなさい。

雨天の日に，高校生の男女が部活動について話をしています。

What can you guess from the conversation?

① The boy and the girl agree not to go to the gym.

② The boy and the girl like working out.

③ The boy does not want to exercise today.

④ The boy has been gone since yesterday.

(第1回プレテストB　第3問　問17)

Unit
1

Unit
2

Unit
3

Unit
4

Unit
5

Unit
6

Unit
7

Unit
8

Unit
9

Unit
10

Unit
11

Unit
12

Unit
13

Unit
14

Unit
15

Unit
16

Unit
17

Unit
18

Unit
19

Unit
20

Unit
21

Unit
22

Unit
23

Unit
24

Unit
25

力
試
し

● 解答・解説

問3. **正解** ③　　　　　　　　　　　　　　　　　　　（正解率：51.7%）

M : Do we have tennis practice today?

W : Yes. We have to <u>work</u> out in the gym when it's raining. That's what we did yesterday, remember?

M : Yeah, my muscles still <u>hurt</u> from yesterday.

W : That'll go away. Let's go.

M : Actually, I think I'm getting a cold.

W : No, you're not. You always say that.

訳　男：今日，テニスの練習ある？
　　女：ええ，雨が降ったら体育館の中でトレーニングをしないといけないのよ。それは昨日もやったでしょ，覚えてる？
　　男：うん，昨日からまだ筋肉痛なんだ。
　　女：そんなの治るわよ。行きましょうよ。
　　男：実は，風邪をひきかけているように思うんだ。
　　女：いいえ，そんなことないわ。あなたはいつもそんなこと言うんだから。

　この会話から推測できることが問われています。正解は③「少年は今日，運動をしたくない」。work と hurt が暗い「アー」です。work out は「（ジムなどで）トレーニングする」の意味です。少女が体育館へトレーニングに行こうと誘っていますが，少年は筋肉痛だとか風邪気味だ，などと言ってトレーニングに行きたがっていないことがわかります。①「少年と少女は体育館に行かないことで同意している」，②「少年と少女はトレーニングをするのが好きである」，④「少年は昨日からいない」はいずれも英文の内容に合いません。聞き取れなかった人の多くは本文にある gym や work out を頼りに①，②を選んでしまっています。「聞こえた単語がそのままの形で入っている選択肢」は，まず疑ってかかることが大切です。

Unit 12　RとL

音声

1 ディクテーションに挑戦

音声を聞いて下線部の英語を埋めてください。

1. Take ＿＿＿＿＿＿＿＿＿＿＿＿＿＿＿＿＿＿＿＿.

　＿＿＿＿＿＿＿＿＿＿＿＿＿＿＿＿＿＿＿＿＿＿＿.

（2009 本試　問 11）

2. May I see your ＿＿＿＿＿＿＿＿＿?

　This is ＿＿＿＿＿＿＿＿＿＿＿＿＿＿＿＿＿＿＿＿

　＿＿＿＿＿＿＿＿＿.

（2007 本試　問 4）

3. Sure, ＿＿＿＿＿＿＿＿＿＿＿＿＿＿＿, and uh … ＿＿＿＿＿＿

　＿＿＿＿＿＿＿＿＿＿＿＿＿＿＿＿＿＿＿＿＿.

（2008 本試　問 2）

4. ＿＿＿＿＿＿＿＿＿＿＿＿＿＿＿＿＿＿＿＿＿＿＿＿＿＿＿.

（2009 本試　問 4）

Unit 1
Unit 2
Unit 3
Unit 4
Unit 5
Unit 6
Unit 7
Unit 8
Unit 9
Unit 10
Unit 11
Unit 12
Unit 13
Unit 14
Unit 15
Unit 16
Unit 17
Unit 18
Unit 19
Unit 20
Unit 21
Unit 22
Unit 23
Unit 24
Unit 25
力試し

　l と r は日本語ではどちらも「ル」ですが，l の発音は，「舌の裏を相手に見せる」ぐらい舌をそらして発音します。r の発音は，「舌を後ろに思いっきり引いて」発音します。ただし，mental などの末尾の l は「オ」に近い音で発音されます。

❯ 解答・解説

1. **Take** the elevator to the third floor.
   It's the first room on your right.
   🈩 3階までエレベーターに乗ってください。右手の最初の部屋です。
   elevator と floor の l，room と right の r に注意してください。

（設問正解率：62.5%）

2. **May I see your** driver's license?
   This is a 30 kilometer zone, and you were going 20 kilometers over the limit.
   🈩 運転免許証を見せて頂けますか？　ここは制限速度が30キロですが，あなたは20キロもオーバーしていましたよ。
   driver's，license，kilometer，limit の音を確認してください。

（設問正解率：89.0%）

3. **Sure,** the lenses are square-shaped, **and uh ...** the parts that fit over the ears are rounded.
   🈩 はい，レンズは四角で，ええと…耳にかかる部分は丸くなっています。
   lenses，rounded の発音に注意してください。　（設問正解率：96.5%）

4. I don't like the Red Line because it only runs every 30 minutes.
   🈩 レッド線は30分毎にしか走っていませんから好きではありません。
   Red，Line，run の発音に注意してください。　（設問正解率：54.4%）

2　コツを使って難問に挑戦　No.1

問1．対話を聞き，答えとして最も適切なものを一つ選びなさい。

According to the woman, what would people have to do if they had four fish?

① Pay double.
② Pay for four pets.
③ Pay for one pet.
④ Pay nothing.

(2009 本試　問 14)

問2．対話を聞き，最後の発言に対する相手の応答として最も適切なものを一つ選びなさい。

① OK. I'll do my homework.
② OK. I'll play on Wednesday.
③ OK. I'll stop in a minute.
④ OK. I'll teach you the rules.

(2014 追試　問 9)

● 解答・解説

問1. **正解** ②   (正解率：39.4%)

> W：Have you heard about the new <u>law</u>? When you <u>rent</u> an apartment
>   and have a pet, it'll cost 50 dollars extra a month.
> M：So, with a cat and a dog you'd pay <u>double</u>?
> W：Right.
> M：What about four fish in a bowl? Would you have to pay 200 dollars?
> W：Well, a pet is a pet.

訳　女：新しい法律について聞いた？　アパートを借りてペットを1匹飼うと，毎月
　　　　50ドル余分に払うんだって。
　　男：じゃあ，ネコと犬を1匹ずつ飼うと2倍になるってこと？
　　女：そうよ。
　　男：一つの金魚鉢に魚を4匹飼ったら？　200ドル払うの？
　　女：そうね，ペットには変わりないからね。

「女性によると，魚を4匹飼っていたら何をしなければならないのか？」という問題です。正解は②「4匹分払う」。law，rent を含む女性の最初のセリフが速くて難しいですね。また，double は「ダブル」ではなく「ダボー」に近い音です。

問2. **正解** ③   (正解率：60.5%)

> M：Jessica, I told you not to play computer games on weekdays.
> W：But Dad, I finished all my homework.
> M：That's good, but you know <u>the rules</u>.

訳　男：ジェシカ，平日はコンピュータゲームをしてはダメと言っただろ。
　　女：でもお父さん，宿題は全部終わったよ。
　　男：それは偉いけど，規則は知ってるだろ。

正解は③「わかった。すぐにやめるよ」。最後の the rules が聞き取りにくいです。r の発音には慣れておきたいですね。②「わかった，水曜日にやるよ」を選んだ人が18.4%もいました。

3 コツを使って難問に挑戦　No. 2

問3. 英語を聞き，答えとして最も適切なものを一つ選びなさい。

According to the speaker, what is true about steel frames in skyscrapers?

① Steel frames allow more space for windows.

② Steel frames improve elevator safety.

③ Steel frames make skyscraper walls thicker.

④ Steel frames take up more space in skyscrapers.

(2012 本試　問20)

Column　音の変化には一定の法則がある！

　英語が聞き取れないという悩みは多くの人に共通することです。しかし，聞き取れないのは，「**日本人が考えているように発音されていないから**」ということを覚えておきましょう。英語は，**音の変化の法則**を知っておけば，聞き取れるようになります。ここでは，その法則の代表的なものを2つ紹介します。

1．母音に挟まれた[t]は，[l]と[d]の中間音に変化

　たとえば，**not at all** は，「ノット・アト・オール」ではなくて，「**ナッラローゥ**」のように聞こえます。[t]と[d]と[l]を発音する際の舌の位置が似ているのでこのような現象が起きます。

　　（例）　Let it go. / totally / hospital / check it out / wait a minute

2．アクセントのない[nt＋母音]は，[t]が脱落！　（米語）

　たとえば，center の発音は，本来なら[séntər]ですが，アメリカ英語では[t]が脱落することがあります。よって，「セナ」に近い音に聞こえます。

　　（例）　Internet / mental / twenty / want to

Unit 1 Unit 2 Unit 3 Unit 4 Unit 5 Unit 6 Unit 7 Unit 8 Unit 9 Unit 10 Unit 11 Unit 12 Unit 13 Unit 14 Unit 15 Unit 16 Unit 17 Unit 18 Unit 19 Unit 20 Unit 21 Unit 22 Unit 23 Unit 24 Unit 25 力試し

● 解答・解説

問3. **正解** ①   (正解率：20.5%)

_❶Towering skyscrapers are a symbol of modern society. _❷In the late 1800s, new technological developments made very tall buildings possible. _❸One development was steel building technology. _❹Before that, architects were required to create thicker stone walls to support taller buildings. _❺These walls were extremely heavy and <u>allowed less room for windows and light</u>. _❻After mass production of steel was introduced, architects began to use steel frames to support a building's weight. _❼Steel was much lighter and stronger than stone, while taking up much less space. _❽At the same time, elevator technology and fire-resistant building materials also helped make skyscrapers possible.

訳　❶天にそびえる高層ビルは現代社会の象徴である。❷1800年代後半，新たな技術の発達により超高層ビルの建設が可能になった。❸その中の一つが，鋼鉄を用いた建築技術であった。❹それ以前は，建築家は高い建物を支えるだけの分厚い石の壁を造る必要があった。❺これらの壁は極めて重く，また窓や採光のための空間を減らすことになった。❻鋼鉄の大量生産が始まると，建築家は建物の重量を支える鋼鉄のフレームを使い始めた。❼鋼鉄は石よりはるかに軽く強いが，必要となる空間はずっと少なかった。❽同時に，エレベーターの技術や耐火建築素材もまた高層ビルを可能にした。

　鋼鉄のフレームについて正しい記述を選ぶ問題。正解は①「鋼鉄のフレームのおかげで窓のための空間が増える」。④「鋼鉄のフレームが高層ビルの内部のより多くの空間を取る」は，skyscrapers や第 ❼ 文の take up ～ / take ～up「～を占める」などの聞こえてきた単語を組み合わせただけの選択肢で，いかにもワナですが，35.9％もの人が選びました。③「鋼鉄のフレームが高層ビルの壁をより厚くする」も音声と真逆のことを言っていますが，26.3％の人が選んでいます。②「鋼鉄のフレームはエレベーターの安全性を向上させる」にした人が 16.0％。r と l で始まる単語が連続して出てくる第❺文の allowed less room for windows and light の部分が聞き取れなかったために正解率が低かったと考えられます。

Unit 13　th の発音

音声

1 ディクテーションに挑戦

音声を聞いて下線部の英語を埋めてください。

1. Oh, _____. _____.

(2007 本試　問 14)

2. Well yeah, 239. _____.

(2010 追試　第 3 問 B)

3. Wow! _____.

_____?

(2014 追試　問 5)

4. Not really, _____.

(2010 追試　問 6)

Unit 1
Unit 2
Unit 3
Unit 4
Unit 5
Unit 6
Unit 7
Unit 8
Unit 9
Unit 10
Unit 11
Unit 12
Unit 13
Unit 14
Unit 15
Unit 16
Unit 17
Unit 18
Unit 19
Unit 20
Unit 21
Unit 22
Unit 23
Unit 24
Unit 25
力試し

満点のコツ その13 👑 息の音の th に慣れよう！

　health，breath などの th は，日本語にはない音です。舌を歯の外へ少し出し，息をドバーと出して発音します。日本語の「ス」とはまったく違う音で，ほとんど聞こえません。口の前に紙を1枚あてて発音し，紙が動けば正しい発音です。breathe，though などの th も，理論上は「濁る音」ですが，非常に弱くなることがあります。

❷ 解答・解説

1．Oh, that's right. Let's go with your idea then.

🈑 ああ，その通りだね。じゃあ，君の考えで行こうよ。

with の th はほとんど聞こえません。これは with が前置詞だからです（⇨ P. 22）。「ウィズ」などと発音してはいけません。　　　（設問正解率：84.9％）

2．Well yeah, 239. But it only ranks fifth among the six regions in the world.

🈑 うん，239 だよ。けど，世界の6つの地域の中では5位にすぎないんだ。

fifth の th の音に注意してください。　　　（設問正解率：〈問 18〉75.5％）

3．Wow! That's 30,000 more than I got.
　 Did you spend it?

🈑 うわ！　それは僕より3万も多いよ。使ったの？

thirty thousand と than の音に注意してください。　　　（設問正解率：50.7％）

4．Not really, because each page displays two months.

🈑 実はそうではないんだ。どのページも2カ月分表示されているからね。

months の発音は「ツ」に近い音になります。　　　（設問正解率：93.5％）

2 コツを使って難問に挑戦 No. 1

問1．英語を聞き，その内容と最もよく合っている絵を一つ選びなさい。
2回流します。

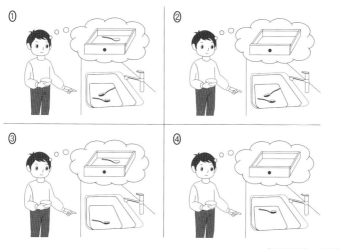

（2023 追試　問6）

問2．対話を聞き，答えとして最も適切なものを一つ選びなさい。

What will the woman do on Saturday?

① Eat some birthday cake.
② Go to the pool.
③ Join the birthday party.
④ See the dentist.

（2011 本試　問6）

Unit 1
Unit 2
Unit 3
Unit 4
Unit 5
Unit 6
Unit 7
Unit 8
Unit 9
Unit 10
Unit 11
Unit 12
Unit 13
Unit 14
Unit 15
Unit 16
Unit 17
Unit 18
Unit 19
Unit 20
Unit 21
Unit 22
Unit 23
Unit 24
Unit 25
力試し

● 解答・解説

問1. **正解** ①

These spoons are dirty, but there's another in the drawer.

訳　これらのスプーンは汚れているが，引き出しに他のものがある。

　前半の発言 These spoons「これらのスプーン」から，汚れているスプーンは複数あることがわかるので，1本しか描かれていない③，④は消えます。発言後半に出てくる there's another は，there is another spoon「他にもう1本スプーンがある」の意味ですが，この部分が there's none に聞こえてしまった人は②にしたようです。drawer が「引き出し」であることがわからずに混乱した人もいたようですね。②，③，④を選んだ人が，それぞれ 21.4%，17.4%，0.5%でした。

問2. **正解** ④

M：Don't forget Jack's birthday party on Saturday.

W：I have to have a tooth pulled that day.

M：Can't you come after that?

W：I don't think so. I won't feel like eating.

訳　男：土曜日のジャックの誕生日会を忘れちゃいけないよ。
　　女：その日は歯を抜いてもらわないといけないの。
　　男：そのあと来ることはできない？
　　女：行けないと思う。食べる気がしないでしょうし。

　女性が土曜日にするであろうことを選ぶ問題です。正解は④「歯医者に行く」です。tooth が聞き取れれば「歯医者」とわかります。ただし，I won't feel like eating. の won't を want to と勘違いすると③「誕生日会に参加する」にしてしまいます。この選択肢を選んだ人が 20.8%いました。

3 コツを使って難問に挑戦 No. 2

問3. 英語を聞き，答えとして最も適切なものを一つ選びなさい。

According to the photographer, which of the following is true?

① Doing background research about the area is essential.

② Freezing conditions should be avoided.

③ It is best to leave it to chance when taking pictures.

④ It is important to stay on the main path.

(2010 本試　問 22)

問4. 対話を聞き，最後の発言に対する相手の応答として最も適切なもの
を一つ選びなさい。

① Yes, but I don't like Chinese food.

② Yes, but I don't want to try a different place.

③ Yes, but they've raised their prices.

④ Yes, but we've never eaten there before.

(2007 本試　問 11)

Unit
1
Unit
2
Unit
3
Unit
4
Unit
5
Unit
6
Unit
7
Unit
8
Unit
9
Unit
10
Unit
11
Unit
12
Unit
13
Unit
14
Unit
15
Unit
16
Unit
17
Unit
18
Unit
19
Unit
20
Unit
21
Unit
22
Unit
23
Unit
24
Unit
25
力
試
し

❯ 解答・解説

問3. **正解** ①   (正解率：33.3%)

❶As a professional photographer I would like to give you some suggestions for successful landscape photography. ❷In winter, for example, when the days are short, you need to know where you're going and what you want to photograph. ❸You can get familiar with the area you're planning to visit by reading guidebooks and studying maps. ❹Then, you'll know beforehand where the most attractive locations are, rather than leaving it to chance. ❺At the location, you may need to get off the <u>main path</u>, so you should be careful. ❻To take a good photo, it may be necessary to be in freezing conditions which might be dangerous.

訳　　❶プロのカメラマンとして，風景写真を上手に撮るためのヒントをいくつかお教えしたい。❷たとえば，冬場で日が短いときには，自分はどこへ行き，何を撮りたいのかを知っておかねばならない。❸ガイドブックを読んだり，地図を調べたりすることで，行こうと計画している場所についてよく知ることができる。❹そうすれば，最も魅力的な所がどこかを，運任せにしないで前もって知ることができるのだ。❺撮影場所では，時には大きな道からそれる必要があるかもしれないので注意してほしい。❻いい写真を撮るためには，危険を伴う可能性のある，凍てつくような環境に身を置く必要があるかもしれないのだ。

　「カメラマンによると，どの記述が正しいか？」　正解は①「その地域の下調べは不可欠」です。第❺文 main path のあたりから聞き取りにくく，聞こえた freezing conditions にひっぱられて，②「凍てつくような環境は避けるべき」を選んだ人が 45.2％もいました。

問4. **正解** ③   (正解率：63.7%)

M：How about going to the Chinese restaurant for dinner?

W：Let's try a different restaurant tonight.

M：Why? I <u>thought that</u> was your favorite place.

訳　　男：夕食に例の中華料理店はどう？
　　　女：今晩は違う店で食べましょうよ。
　　　男：どうして？　あそこが君のお気に入りの店だと思ってた。

　正解は③「うん，でも値上げしたでしょ」です。選択肢の they は「店の人」を表します。①「うん，でも中華料理が嫌いなの」を選んだ人が 26.7％です。thought と that の聞き取りがポイントです。

Unit **14** fとvの発音 音声

Unit 1
Unit 2
Unit 3
Unit 4
Unit 5
Unit 6
Unit 7
Unit 8
Unit 9
Unit 10
Unit 11
Unit 12
Unit 13
Unit 14
Unit 15
Unit 16
Unit 17
Unit 18
Unit 19
Unit 20
Unit 21
Unit 22
Unit 23
Unit 24
Unit 25
力試し

1 ディクテーションに挑戦

音声を聞いて下線部の英語を埋めてください。

1. Uh … _____. _____?

(2008 本試　問 13)

2. Wow, _____!

(2008 追試　問 5)

3. Wow, _____?

(2014 追試　問 2)

4. So, _____?

(2006 追試　第 3 問 B)

満点のコツ
その14 　👑　f や v の発音に慣れよう！

family, fifth, phone などに出てくる[f]の音は，上の前歯を下唇にそっと乗せ，口の両端から息をドバッと出す音ですが，なかなか聞き取りにくい音です。これが有声音になった very や even などの[v]の方はまだ聞き取りやすいでしょう。

❷ 解答・解説

1. Uh ... I'm kind of busy. What is it?

訳 うーん…ちょっと忙しいんだけど，何？

kind of は副詞句で「ちょっと」の意味です。[kaind v]の発音に注意してください。　　　　　　　　　　　　　　　　　　　（設問正解率：71.3%）

2. Wow, look at that fish with the needle-like nose!

訳 うわ，あの魚見てよ！　針のような鼻だ！

fish のあとに前置詞 with がついて聞き取りにくくなっています。

（設問正解率：76.9%）

3. Wow, does that wallet fit in your pocket?

訳 うわ，その財布，君のポケットに入るの？

fit in の部分が聞き取りにくいですね。f の発音に慣れましょう。

（設問正解率：74.3%）

4. So, why don't we have her bring some French fries, then?

訳 じゃあ，彼女にフライドポテトを持ってきてもらおうよ。

fry の音に注意してください。さらに，have her bring のところも聞き取り困難です。　　　　　　　　　　　　　　　　（設問正解率：〈問 18〉58.5%）

2 コツを使って難問に挑戦　No. 1

問1．対話を聞き，最後の発言に対する相手の応答として最も適切なもの
　　を一つ選びなさい。

   ① So, what have you learned to make so far?
   ② So, what should I make at the school tonight?
   ③ So, when are you going to start taking lessons?
   ④ So, why did you miss the lesson tonight?

(2008 本試　問 11)

問2．対話を聞き，答えとして最も適切なものを一つ選びなさい。

What does the man mean?

   ① Each person walks at a different speed.
   ② People in the country are easygoing.
   ③ Swiss clocks are not accurate.
   ④ The fastest-paced country is Switzerland.

(2011 本試　問 15)

Unit 1
Unit 2
Unit 3
Unit 4
Unit 5
Unit 6
Unit 7
Unit 8
Unit 9
Unit 10
Unit 11
Unit 12
Unit 13
Unit 14
Unit 15
Unit 16
Unit 17
Unit 18
Unit 19
Unit 20
Unit 21
Unit 22
Unit 23
Unit 24
Unit 25
力試し

● 解答・解説

問1. 正解 ①
(正解率：50.3%)

W：Oh, I almost <u>forgot</u>. <u>I've</u> got a cooking lesson tonight.

M：You're going to cooking school?

W：Yeah! It's <u>really fun</u>!

訳　女：ああ，忘れるところだった。今夜は料理教室があるんだ。
　　男：料理教室に通っているの？
　　女：そうなの！　本当に楽しいわよ！

　正解は①「で，これまでにどんなものを習ったの？」。really fun の聞き取りが困難です。③「それで君はいつからレッスンを始めるの？」を選んだ人が31.5％，④「それなら，なぜ今夜はレッスンに行かなかったの？」を選んだ人が14.0％もいました。なお，女性の最初のセリフの <u>forgot</u> と <u>I've</u> にも注意しましょう。have got で「～を持っている，経験する」の意味です。

問2. 正解 ④
(正解率：36.0%)

M：Do you know what <u>reflects</u> the pace of life of a country?

W：No.

M：Walking speed and the accuracy of clocks.

W：Really? So which country has the <u>fastest</u> pace?

M：Well, clocks in Switzerland keep correct time, and the people are in a rush.

W：You know, I think it depends on the <u>individual</u>.

訳　男：ある国の生活ペースを反映するものが何だか知ってる？
　　女：いいえ。
　　男：歩く速さと時計の正確さなんだ。
　　女：本当？　それで，どの国のペースが一番速いの？
　　男：そうだね，スイスの時計は正確で，人々は急ぎ足で歩いてる。
　　女：ねえ，それって人によると思うんだけど。

　「男性が意味することは何か？」という問題。正解は④「ペースが一番速い国はスイスだ」。reflect と fastest と individual の発音に注意してください。51.2％もの人が①「それぞれの人がそれぞれの速度で歩く」を選んでいます。

3 コツを使って難問に挑戦　No. 2

問3．対話を聞き，答えとして最も適切なものを一つ選びなさい。

Where is the man's credit card ?

（2012 追試　問4）

問4．対話を聞き，答えとして最も適切なものを一つ選びなさい。

What will the man and woman do for the members leaving the club?

① Buy them some chocolates.
② Get them some flowers.
③ Give them coffee cups.
④ Have a party for them.

（2010 追試　問 15）

● 解答・解説

問3. 正解 ④ 　　　　　　　　　　　　　　　　　　　（正解率：41.1%）

M：Where's my credit card?

W：It's between <u>the phone and</u> the light.

M：Oh, I thought I left it <u>in front of</u> the keyboard.

W：I moved it when I used the computer.

訳　男：僕のクレジットカードはどこだろう？
　　女：電話とライトの間よ。
　　男：え，キーボードの正面に置いたと思ったけど。
　　女：私がコンピュータを使ったときに動かしたの。

　「男性のクレジットカードはどこにあるか？」 the <u>phone</u> and と in <u>front of</u> の所が勝負です。44.4％もの人が③にしました。

問4. 正解 ① 　　　　　　　　　　　　　　　　　　　（正解率：44.5%）

M：What should we get for the members who are leaving the club?

W：Every year we get them boxes of chocolates.

M：How about coffee cups this year?

W：Or we could just have a nice farewell party.

M：Hmm, or maybe flowers?

W：I don't know. Maybe we should just <u>follow tradition</u>.

M：OK.

訳　男：今度，クラブを卒業するメンバーに何を買えばいいかな？
　　女：毎年，箱入りのチョコを買ってるわよ。
　　男：今年はコーヒーカップなんてどうかな？
　　女：あるいは素敵なお別れ会なんてどうかしらね。
　　男：うーん，それとも花なんかどう？
　　女：わからない。ただ伝統に従うのがいいかもね。
　　男：わかった。

　「男性と女性はクラブの卒業生に何をするか？」 正解は①「彼らのためにチョコを買う」です。女性の最後の発言の <u>follow</u> tradition「伝統に従う」＝「チョコを買う」がポイントです。

Unit 15 | ing の発音

音声

1 ディクテーションに挑戦

音声を聞いて下線部の英語を埋めてください。

1. _____. _____?

(2010 追試　問 2)

2. _____.

(2013 追試　問 7)

3. _____. _____?

(2008 追試　問 13)

4. _____.

_____?

(2007 追試　問 12)

満点のコツ その15 👑 in に聞こえる ing に慣れよう！

　-ing の ng の音は「ング」ではなく，「ハ<u>ン</u>ニャ」の「ン」とほぼ同じ音です。よって，「リスニング」，「ウォーキング」，「ホワイトニング」などの日本語はすべて間違っています。ping-pong「ピンポン」は原音に近いですね。

❯ 解答・解説

1．I see. Is it a folding type?
　🈞　わかりました。折りたたみ式ですか？
　folding の ng はほとんど聞こえてきません。　　　　　　　（設問正解率：85.8%）

2．I was being chased by a huge dinosaur and woke up in a sweat.
　🈞　私は巨大な恐竜に追いかけられていて，汗をぐっしょりかいて目が覚めた。
　受動態の進行形です。being の発音に注意してください。
　　　　　　　　　　　　　　　　　　　　　　　　　　　　（設問正解率：94.7%）

3．Oh, I'm sorry. Is it bothering you?
　🈞　ああ，すみません。それはあなたを困らせていますか？
　bothering の ing と you とのつながりに注意してください。
　　　　　　　　　　　　　　　　　　　　　　　　　　　　（設問正解率：66.4%）

4．Yes, I'm looking forward to it.
　　Should I bring anything?
　🈞　はい，それを楽しみにしています。何か持って行きましょうか？
　looking, bring, anything の発音に注意してください。
　　　　　　　　　　　　　　　　　　　　　　　　　　　　（設問正解率：85.9%）

2 コツを使って難問に挑戦 No. 1

問1. 対話を聞き，最後の発言に対する相手の応答として最も適切なもの
を一つ選びなさい。

① All right, but try not to be late.
② Good idea. Let's go back together.
③ OK. I'll definitely go after you.
④ Yes, I was able to catch up with her.

(2012 本試 問 13)

問2. 対話の場面が日本語で書かれています。対話とそれについての問い
を聞き，その答えとして最も適切なものを一つ選びなさい。

友達同士で買い物の話をしています。

① ②

③ ④

(第1回プレテストB 第2問 問 10)

Unit 1
Unit 2
Unit 3
Unit 4
Unit 5
Unit 6
Unit 7
Unit 8
Unit 9
Unit 10
Unit 11
Unit 12
Unit 13
Unit 14
Unit 15
Unit 16
Unit 17
Unit 18
Unit 19
Unit 20
Unit 21
Unit 22
Unit 23
Unit 24
Unit 25
力試し

● 解答・解説

問1. **正解** ①   (正解率：57.7％)

W：I think I forgot to turn off the heater in the office.

M：Shall I go back and check?

W：No, no. <u>You go on to the meeting.</u> I'll catch up later.

訳　女：オフィスのヒーターを切るのを忘れちゃったと思う。
　　男：引き返してチェックしようか？
　　女：いいよ，いいよ。あなたはそのまま会議に行って。あとで行くから。

　正解は①「わかった。けど遅れないようにね」です。You go on to the meeting. のあたりが聞き取りにくかったようです。meeting なんて簡単な単語ですが，普段「ミーティング」と発音していると難しいですね。③「わかった。きっと後で行くよ」を選んだ人が25.6％です。②は「いい考えだ。一緒に戻ろう」，④は「そうだよ。僕は彼女に追いつくことができた」です。

問2. **正解** ③   (正解率：46.4％)

W：What did you buy?

M：I looked at some jeans and shirts but got these in the end.

W：Nice! Do you like <u>running</u>?

M：Not really, but the design looked cool.

Question：What did the boy buy?

訳　女：あなたは何を買ったの？
　　男：ジーンズとシャツをいくつか見たんだけど，最終的にこれを買ったよ。
　　女：素敵ね！　走るのが好きなの？
　　男：そうでもないんだけど，デザインがかっこよく見えたんだ。
　　質問：少年は何を買ったのか。

　got these in the end の部分の聞き取りが難しいですが，running さえ聞き取れれば③を選ぶことができます。男性が got these in the end「最終的にこれを買ったよ」と言ったのに対して，女性が Nice! Do you like running?「素敵ね！　走るのが好きなの？」と走ることを話題にしています。よって，走ることを目的とした靴を買ったことが推測できます。

3 コツを使って難問に挑戦　No. 2

問 3. 対話の場面が日本語で書かれています。対話を聞き，問いの答えとして最も適切なものを一つ選びなさい。

女性が男性と，夏休みの予定について話をしています。

Why does the man want to drive?

① He prefers to stop wherever he likes.

② He wants to go directly to the coast.

③ The train goes just part of the way.

④ The train is much more flexible.

(2023 追試　問 12)

● 解答・解説

問3. 正解 ①　　　　　　　　　　　　　　　　　　　　　　(正解率：55.5%)

W : Are you <u>going</u> somewhere this summer?

M : Yes, I'm <u>going</u> to drive to the coast.

W : That's quite far. Why don't you take the train, instead?

M : If I drive, I can park and go <u>sightseeing</u> anywhere along the way.

W : Isn't <u>driving</u> more expensive?

M : Well, maybe, but I like the flexibility.

訳　女：今度の夏はどこかに行くつもりなの？
　　男：うん，海岸までドライブしようかと思っている。
　　女：ずいぶんと遠いわよ。代わりに電車にしたら？
　　男：車だと途中でどこでも車を停めて観光できるだろ。
　　女：車で行く方が高くつくってことはないの？
　　男：うん，もしかしたらそうだけど，融通が利くところがいいんだ。

　質問は「男性はなぜ車の運転をしたいと思っているのか？」です。正解は①
「どこでも好きなところでとまりたい」です。これは男性の2番目の発言に合
致しています。going, sightseeing, driving などの ing の発音に注意して
ください。②「彼は直接海岸まで行きたいと思っている」，③「電車では途中
までしか行けない」，④「電車の方がはるかに融通が利く」を選んだ人が，そ
れぞれ 20.0%，23.1%，1.4%でした。

Column　日本人が聞き間違える英語

　昔，"Falling in Love"「恋におちて」というタイトルのアメリカの映画があ
りました。その直後に，日本で「恋におちて -Fall in Love-」という曲が大ヒッ
トしました。しかし，曲の方は，Falling ではなく，Fall になっていますので
「恋におちろ！」という命令形になってしまいます。おそらく Falling を正しく
聞き取れなかった日本人が，間違えて Fall にしてしまったのでしょうね。当然，
Falli<u>ng</u> も「フォーリン<u>グ</u>」とは読まれません。

Unit **16** 数字

音声

Unit
1

Unit
2

Unit
3

Unit
4

Unit
5

Unit
6

Unit
7

Unit
8

Unit
9

Unit
10

Unit
11

Unit
12

Unit
13

Unit
14

Unit
15

**Unit
16**

Unit
17

Unit
18

Unit
19

Unit
20

Unit
21

Unit
22

Unit
23

Unit
24

Unit
25

力
試
し

1 ディクテーションに挑戦

音声を聞いて下線部の英語を埋めてください。

1. Our airline welcomes children.

   _____.

   (2010 本試　問 20)

2. If you pass that, then you can take the driving test, _____

   _____.

   (2009 追試　問 20)

3. _____, cook until light

   brown, then _____

   _____.

   (2013 本試　問 21)

4. _____?

   (2012 本試　問 1)

満点のコツ その16 👑 数字の聞き取りに慣れよう！

数字は聞いた瞬間に理解できることが肝要です。特に，1000 を超える場合には注意してください。共通テストでは，西暦や〜％の形でもよく登場します。

◯ 解答・解説

1. Our airline welcomes children.

More than 45,000 unaccompanied children fly with us each year.

訳 我が社はお子様を歓迎しています。毎年，4万5千人以上のお子様が保護者の付き添いなしで搭乗してくださっています。

thousand と聞こえたら，「X,000」と思い浮かべることが大切です。

(設問正解率：80.0%)

2. If you pass that, then you can take the driving test, but you'll need to get a minimum of 37 instead of 35 points out of 50.

訳 それに合格すれば運転実技テストが受験可能です。しかし，50 点中の 35 点ではなく最低 37 点をとる必要があります。

fifty と **fifteen** の区別は気をつけてください。なお，fiftéen は普通後ろにアクセントがありますが，語頭にアクセントのある名詞が後ろにある場合は，fífteen stúdents のようにアクセントが移動します。(設問正解率：56.8%)

3. After adding 500 grams of ground beef, cook until light brown, then add one can of chopped tomatoes together with about three tablespoons of ketchup.

訳 牛ひき肉を 500 グラム加えて，軽く茶色になるまで炒め，ざく切りにしたトマトを 1 缶とケチャップ大さじ約 3 杯を入れます。

料理関係の数字や表現にも慣れておきましょう。 (設問正解率：89.8%)

4. I don't have a reservation, but can I get a table for five?

訳 予約はしていないのですが，5 人いけますか？

最後の **for five** がやや聞き取りづらいですね。 (設問正解率：71.8%)

2 コツを使って難問に挑戦　No. 1

問1. 対話を聞き，答えとして最も適切なものを一つ選びなさい。

What will the woman order?

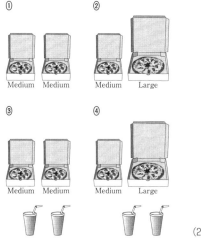

①
Medium　Medium

②
Medium　Large

③
Medium　Medium

④
Medium　Large

(2011 本試　問5)

問2. 英語を聞き，答えとして最も適切なものを一つ選びなさい。

What should Pat take after eating if she has a sore throat and a slight fever?

① One yellow tablet and two green pills.
② Three green pills.
③ Two yellow tablets.
④ Two yellow tablets and one green pill.

(2007 本試　問22)

Unit 1
Unit 2
Unit 3
Unit 4
Unit 5
Unit 6
Unit 7
Unit 8
Unit 9
Unit 10
Unit 11
Unit 12
Unit 13
Unit 14
Unit 15
Unit 16
Unit 17
Unit 18
Unit 19
Unit 20
Unit 21
Unit 22
Unit 23
Unit 24
Unit 25
力試し

◉ 解答・解説

問1. 　**正解** 　①　　　　　　　　　　　　　　　　　　　　　　（正解率：44.8%）

> W : <u>I'd like two medium pizzas.</u>
> M : How about our special? A large, a medium, and two drinks for a
> 　　dollar more.
> W : Oh, that's a good deal, but it's too much, and we don't need anything
> 　　to drink.
> M : OK.

訳　女：ミディアムサイズのピザを2枚ください。
　　男：おすすめ商品はいかがですか？　1ドル追加で，ラージ1枚とミディアム1
　　　　枚，それにドリンクが2杯ついてきますよ。
　　女：ああ，お得ね。でも多すぎるし，飲み物はいらないの。
　　男：わかりました。

　女性が注文するのはどれかを答える問題です。最初の女性の発言が聞き取り
にくいためか，正解率は高くありません。実に41.6%の人が②を選んでいま
す。

問2. 　**正解** 　③　　　　　　　　　　　　　　　　　　　　　　（正解率：54.8%）

> ❶OK, Pat. ❷Here's the medicine for your cold. ❸There are <u>two</u> kinds.
> ❹These yellow tablets are for your sore throat. ❺Take <u>two of them three</u>
> <u>times a day</u>, after each meal. ❻Take <u>one of these green pills</u> after meals
> only when you have a very high fever. ❼They'll bring your temperature
> down to normal. ❽They're strong, so take <u>no more than three a day</u>.

訳　❶オーケー，パット。❷これがあなたの風邪薬よ。❸2種類ね。❹この黄色の錠
　　剤は喉の痛み止め。❺毎食後に1日に3回，2錠ずつね。❻この緑の薬は高熱の
　　場合のみ，食後に1錠飲んでね。❼これを飲んだら平熱にまで下がるからね。
　　❽これは強い薬だから，1日に3錠だけにしておいてよ。

　「喉の痛みと微熱がある場合，パットは食後に何を飲むべきか？」　正解は③
「黄色の錠剤を2錠」。たくさん出てくる数字がそれぞれ何を指しているのか
注意が必要です。**第❻文後半**の only when … の部分が聞こえず，④「黄色の
錠剤を2錠と緑の薬を1錠」にした人が33.6%もいました。

3 コツを使って難問に挑戦 No. 2

問3．あなたは，留学先のホストファミリーが経営している DVD ショップで手伝いをしていて，DVD の値下げについての説明を聞いています。話を聞き，下の表の四つの空欄 [1]～[4] に入れるのに最も適切なものを，五つの選択肢（①～⑤）のうちから一つずつ選びなさい。選択肢は2回以上使ってもかまいません。

Titles	Release date	Discount
Gilbert's Year to Remember	1985	
★ Two Dogs and a Boy	1997	[1]
Don't Forget Me in the Meantime	2003	[2]
★ A Monkey in My Garden	2007	[3]
A Journey to Another World	2016	
A Moment Frozen in a Memory	2019	[4]

① 10 %
② 20 %
③ 30 %
④ 40 %
⑤ no discount

(2021 本試（第1日程） 問22～25)

● 解答・解説

問3. 正解 　1　 ①　　2　 ②　　3　 ①　　4　 ⑤

（正解率：1－32.7%, 2－79.6%, 3－55.1%, 4－85.7%）

①We've discounted some DVD titles. ②Basically, the discount rate depends on their release date. ③The price of any title released in the year <u>2000</u> and before is reduced <u>30%</u>. ④Titles that were released between <u>2001</u> and <u>2010</u> are <u>20</u>% off. ⑤Anything released more recently than that isn't discounted. ⑥Oh, there's one more thing! ⑦The titles with a star are only <u>10</u>% off, regardless of their release date, because they are popular.

訳　①当店は DVD の一部を値下げしました。②基本的に，割引率は発売時期によって異なります。③2000 年以前に発売されたものはどれでも，30 パーセント引きです。④2001 年から 2010 年の間に発売されたものは 20 パーセント引きで，⑤それよりも後に発売されたものには割引はありません。⑥あともう 1 つ！ ⑦星が付いているものは人気があるため，その発売時期に関係なく 10 パーセントしか割引しません。

説明文，図表および第①・②文から，「DVD の発売時期による割引率」を話題にしていることがわかります。まず，第③文「2000 年以前に発売されたものはどれでも，30 パーセント引きです」から，　1　は③となります。第④・⑤文「2001 年から 2010 年の間に発売されたものは 20 パーセント引きで，それよりも後に発売されたものには割引はありません」から，　2　　3　は②，　4　は⑤だとわかります。しかし，続く第⑥・⑦文「あともう 1 つ！ 星が付いているものは人気があるため，その発売時期に関係なく 10 パーセントしか割引しません」から，★の付いた　1　　3　は①に修正しなければなりません。

　1　と　3　の出来が悪いのは，おそらく，最後の文を聞く前に「表が完成した」と勘違いし，最終文を聞き逃したためだと思われます。　1　では③，④の選択者がそれぞれ 30.6 %，26.5 %，　2　では，③の選択者が 14.3 %，　3　では②，③の選択者がそれぞれ 16.3 %，22.4 %，　4　では①の選択者が 10.2%でした。

Unit 17 時間

音声 🔊

1 ディクテーションに挑戦

音声を聞いて下線部の英語を埋めてください。

1 . No. It _____.

(2006 本試 問 1)

2 . That sounds about right. _____.

_____?

(2006 本試 第 3 問 B)

3 . Yeah, _____.

(2011 本試 問 11)

4 . _____.

(2012 本試 問 5)

満点のコツ その17 👑 時間の表現の聞き取りに慣れよう！

　時間が関わる会話は煩雑になりがちです。特に，ten to three「3時10分前」と，ten past three「3時10分過ぎ」との区別は重要です。さらに，in ～ hours「～時間経てば」にも注意してください。

❷ 解答・解説

1. **No. It was supposed to arrive at 3:30, but it was an hour late.**

訳 いいえ。3時30分に着くことになっていましたが，1時間遅れました。

　特に，an hour late のような〈数字＋形容詞〉の形で聞き間違う人が多いので慣れておきたいですね。　　　　　　　　　　　　　（設問正解率：92.9%）

2. **That sounds about right.** So that brings us up to 2:00.

　How about a couple of hours for the cultural presentations?

訳 それはいい感じだね。それだと，2時までには来られる。文化公演に2，3時間かけるのはどうかな？

　up to 2:00 が，up two two と聞こえて焦る人がいます。また，a couple of ～は「2，3の～」の意味です。　　　（設問正解率：〈問19〉80.9%）

3. **Yeah,** I've been taking lessons for a year and a half.

訳 はい。1年と半年授業を受けています。

　～ and a half「～半」という表現に慣れましょう。　　（設問正解率：67.2%）

4. **We can't make it, but the bus comes every twenty minutes.**

訳 それには間に合わないけど，バスは20分毎に来るよ。

　every ～ minutes / hours / days / weeks / months / years
「～毎」という表現も聞き取ってすぐに理解できるようにしておきましょう。

　　　　　　　　　　　　　　　　　　　　　　　　　（設問正解率：76.9%）

2 コツを使って難問に挑戦 No. 1

問1. 対話を聞き，最後の発言に対する相手の応答として最も適切なもの
を一つ選びなさい。

　① Good, I've got time to make a snack.
　② Good, we've still got time to go out for dinner.
　③ Oh, too bad. I wanted to see the beginning.
　④ Oh, too bad. It was probably a good game.

(2007 追試　問 7)

問2. 英語を聞き，答えとして最も適切なものを一つ選びなさい。

When is a good time to visit the museum?

　① Monday at 1 p. m.
　② Tuesday at 6 p. m.
　③ Thursday at 7 p. m.
　④ Saturday at 10 a. m.

(2008 本試　問 22)

Unit 1 Unit 2 Unit 3 Unit 4 Unit 5 Unit 6 Unit 7 Unit 8 Unit 9 Unit 10 Unit 11 Unit 12 Unit 13 Unit 14 Unit 15 Unit 16 Unit 17 Unit 18 Unit 19 Unit 20 Unit 21 Unit 22 Unit 23 Unit 24 Unit 25 力試し

● 解答・解説

問1. **正解** ①　　　　　　　　　　　　　　　　　　　（正解率：56.4％）

W：Hi, I'm home. Has the game started yet?
M：No, it won't start <u>for another 10 minutes</u>.

訳　女：ただいま，帰ったわよ。試合はまだ始まってない？
　　男：うん，開始まであと10分あるよ。

　正解は①「よかった。軽食を作る時間はあるわね」です。③「ああ，残念。最初が見たかった」を選んだ人が21.2％います。for another X minutes「さらにX分のあいだ」という時間の表現に加えて，won't の t が弱いことも正解率の低さにつながったようです。②「よかった。晩ご飯を食べに行く時間があるわね」を選んだ人が19.2％，④「ああ，残念。きっといい試合だったのに」を選んだ人が3.2％。

問2. **正解** ①　　　　　　　　　　　　　　　　　　　（正解率：59.4％）

₁Attention please. ₂It is now 5:30, and the museum will close in 30 minutes. ₃When you have finished looking at the exhibits in the room you are in, please make your way to the exit. ₄We hope you have enjoyed the exhibition. ₅For your information, the museum is open every day including holidays. ₆Opening hours are <u>from 10 a. m. to 6 p. m. Monday through Thursday</u>. ₇<u>From Friday to Sunday</u>, the museum is open <u>from noon to 9 p. m</u>. ₈The coming exhibition on Leonardo da Vinci will start on September 10th. ₉We hope you will visit us again soon.

訳　₁入場者の皆様にお知らせいたします。₂現在5時30分です。あと30分で閉館させて頂きます。₃今おられる部屋の展示物を見終わられた方は出口に向かってください。₄展示をお楽しみ頂けましたら幸いです。₅なお，当美術館は休日を含め毎日開館しております。₆開館時間は月曜日から木曜日までは午前10時から午後6時まで。₇金曜日から日曜日までは正午から午後9時までとなっております。₈次のレオナルド・ダ・ビンチの展示は9月10日からです。₉またのお越しをお待ちしております。

　「美術館に行くにはいつがよいか？」　正解は①「月曜日の午後1時」。設問英文に a good time とありますが，要するに開館時間を答えればよいわけです。時間に加え，曜日の聞き取りも要求されるため，難しく感じたようです。

3　コツを使って難問に挑戦　No. 2

問3．対話を聞き，答えとして最も適切なものを一つ選びなさい。

What time should the man come to the gate?

① 4:45
② 5:15
③ 6:45
④ 7:15

（2009 本試　問1）

問4．対話を聞き，答えとして最も適切なものを一つ選びなさい。

When is the woman likely to go to the movie?

① At 6:50.
② At midnight.
③ In 30 minutes.
④ On another day.

（2014 本試　問15）

Unit 1
Unit 2
Unit 3
Unit 4
Unit 5
Unit 6
Unit 7
Unit 8
Unit 9
Unit 10
Unit 11
Unit 12
Unit 13
Unit 14
Unit 15
Unit 16
Unit 17
Unit 18
Unit 19
Unit 20
Unit 21
Unit 22
Unit 23
Unit 24
Unit 25
力試し

● 解答・解説

問3． 正解 ③ （正解率：46.3%）

M：Is this the gate for Flight 557 leaving for Singapore <u>at 5:00 p. m.</u>?
W：Yes, but your flight has been delayed.
M：Really? How long?
W：<u>Two hours</u>. Please come back <u>15 minutes before</u> departure.

訳　男：これは午後5時発のシンガポール行き557便のゲートですか？
　　女：そうですが，この飛行機には遅れが出ています。
　　男：本当ですか？　どれくらい？
　　女：2時間です。出発の15分前にはお戻りください。

「男性は何時にゲートに来るべきか？」　本来5時出発だが，2時間遅れているので7時出発。その15分前だから③6:45が正解。④7:15にした人が28.8%，①4:45にした人が13.8%。時間の表現も多く，シンガポールという固有名詞もあり，頭が混乱したのかもしれません。

問4． 正解 ④ （正解率：78.4%）

W：It's <u>ten to seven</u>! I've missed *Titanic*!
M：Has it started?
W：Yeah, <u>30 minutes ago</u> at the Cosmic Theater. I guess I'll give it up tonight.
M：It starts <u>at nine</u> at the Solar Cinema. You can still see it there.
W：Hmm, I don't think so. It won't end <u>until after midnight</u>.

訳　女：7時10分前よ！　タイタニックを見逃したわ！
　　男：始まったの？
　　女：そうなの。コズミックシアターで30分前に。今夜は，映画はあきらめることになりそうね。
　　男：ソーラーシネマなら9時からだよ。そこならまだいけるよ。
　　女：うーん。そうは思わない。終わるのが深夜を越えるからね。

「女性はいつ映画に行きそうか？」　正解は④「別の日に」。ten to seven は「7時まであと10分」の意味です。反意語は ten past seven「7時10分過ぎ」です。最後の2行が聞き取れれば正解できますが，時間の表現がたくさんあり，混乱した人がいたようです。

Unit 18 年月日

音声

1 ディクテーションに挑戦

音声を聞いて下線部の英語を埋めてください。

1. Our upcoming performances of Shakespeare's *Hamlet* _____

_____.

(2010 追試　問 22)

2. Sounds nice, _____.

(2014 本試　問 6)

3. _____,

but _____,

and hotels are not busy.

(2012 本試　問 21)

4. _____

_____.

(2012 追試　問 22)

Unit 1
Unit 2
Unit 3
Unit 4
Unit 5
Unit 6
Unit 7
Unit 8
Unit 9
Unit 10
Unit 11
Unit 12
Unit 13
Unit 14
Unit 15
Unit 16
Unit 17
Unit 18
Unit 19
Unit 20
Unit 21
Unit 22
Unit 23
Unit 24
Unit 25
力試し

満点のコツ
その18 👑 年月日の聞き取りに慣れよう！

年月日は，日本人が苦手とする分野です。これも訓練しかありません。英語を聞いてしばらく考えてわかるというレベルでは，リスニングには使えません。条件反射で理解する訓練をしてください。

● 解答・解説

1. **Our upcoming performances of Shakespeare's *Hamlet* will be held from December 10th through December 14th.**

   訳 次のシェイクスピアのハムレットの公演は12月10日から12月14日までです。

   月日を正確に聞き取る訓練です。 （設問正解率：62.6%）

2. **Sounds nice, but I'm working on weekday evenings except Wednesdays.**

   訳 いいんだけど，水曜日以外の平日の夜は働いているんだ。

   Wednesday と前置詞 except との組み合わせです。

   （設問正解率：88.9%）

3. **The peak months of the tourist season are July and August, but the weather in May, June, and September is usually good as well, and hotels are not busy.**

   訳 旅行シーズンのピークは7月と8月ですが，5月，6月，9月の天候も概ね良く，ホテルはすいています。

   複数出てくる月に，瞬時に反応できたかどうかがポイントです。

   （設問正解率：61.5%）

4. **The 1920s merry-go-round is one of the most popular attractions for young children.**

   訳 1920年代のメリーゴーラウンドは，幼い子どもに最も人気のあるアトラクションである。

   1920s は，nineteen twenties と読まれます。 （設問正解率：74.2%）

2　コツを使って難問に挑戦　No. 1

問1. 対話を聞き，答えとして最も適切なものを一つ選びなさい。

When is the book report due?

①　Tuesday

②　Wednesday

③　Thursday

④　Friday

（2008 本試　問1）

問2. 対話を聞き，答えとして最も適切なものを一つ選びなさい。

When will the orientation meeting take place?

①　Tuesday.

②　Wednesday.

③　Thursday.

④　Friday.

（2007 追試　問1）

Unit 1
Unit 2
Unit 3
Unit 4
Unit 5
Unit 6
Unit 7
Unit 8
Unit 9
Unit 10
Unit 11
Unit 12
Unit 13
Unit 14
Unit 15
Unit 16
Unit 17
Unit 18
Unit 19
Unit 20
Unit 21
Unit 22
Unit 23
Unit 24
Unit 25
力試し

● 解答・解説

問1. 【正解】③ (正解率：73.4%)

W : You didn't finish your book report yet?

M : Well, it's only <u>Tuesday</u>. I still have three days.

W : No, it's due <u>the day after tomorrow</u>.

M : Uh-oh.

訳　女：本のレポートまだ終えてないの？
　　男：まあ，まだ火曜日だから。まだ後3日あるし。
　　女：違うわよ。締め切りは明後日よ。
　　男：やばい！

　レポートの締切日が問われています。正解は③「木曜日」です。今日が火曜日で提出日が明後日ということから答えは出ます。the day after tomorrow「明後日」という表現を知らないと辛い問題ですね。

問2. 【正解】④ (正解率：45.5%)

W : When should we have the orientation meeting? Tuesday?

M : Um, Tom is away till <u>Thursday</u>.

W : OK, let's have it <u>the day after he gets back</u>.

訳　女：オリエンテーションはいつやりますか？　火曜日ですか？
　　男：うーん，トムは木曜日までいないよ。
　　女：では，トムが帰ってきた次の日にしましょう。

　オリエンテーションが行われるのは④「金曜日」です。the day after ～「～の次の日」がポイントです。③「木曜日」を選んだ39.1%の人は，最後の女性の発言を理解できなかったようです。

3　コツを使って難問に挑戦　No. 2

問3．対話の場面が日本語で書かれています。対話を聞き，問いの答えと
して最も適切なものを一つ選びなさい。

姉が弟と，いつ両親に会いに行くかについて話をしています。

What will the woman probably do next weekend?

①　Meet her brother and father on Saturday

②　Meet her brother and mother on Sunday

③　Meet her mother and father on Saturday

④　Meet her mother and father on Sunday

(2022 追試　問 13)

Unit
1
Unit
2
Unit
3
Unit
4
Unit
5
Unit
6
Unit
7
Unit
8
Unit
9
Unit
10
Unit
11
Unit
12
Unit
13
Unit
14
Unit
15
Unit
16
Unit
17
**Unit
18**
Unit
19
Unit
20
Unit
21
Unit
22
Unit
23
Unit
24
Unit
25
力試し

◉ 解答・解説

問3. **正解** ③

W : Let's all get together next weekend.

M : Sure! I'm busy on <u>Saturday</u>, but <u>Sunday</u> would be fine. How about Mom and Dad?

W : Mom says <u>either day</u> is OK, but <u>Dad is only free on Saturday</u>.

M : I see... . Why don't you go ahead without me? I'll come next time!

W : Oh well, OK.

訳　女：次の週末，みんなで集まりましょう。
　　男：もちろん！　僕は，土曜日は忙しいけど，日曜日なら大丈夫だよ。お母さんとお父さんはどうかな？
　　女：お母さんはどちらの日でもいいと言っているけど，お父さんは土曜日しか空いてないみたい。
　　男：そうか。僕抜きで会うのはどうかな？　僕は次回参加するよ！
　　女：仕方ないね。わかった。

　「女性は次の週末に，おそらく何をする予定か？」　正解は③「土曜日に母と父に会う」です。Saturday と Sunday について，登場人物のそれぞれの都合を整理して聞く必要があります。男性（弟）の最初の発言から，「男性は土曜日は都合が悪いが，日曜日なら都合が合う」ことがわかります。女性（姉）の2番目の発言から，「お母さんは土曜日も日曜日も空いているが，お父さんは土曜日しか空いていない」とわかります。さらに，男性の2番目の発言から，「男性は今回の参加を見送る」ことがわかります。よって，女性は1人で土曜日に父母に会うことになります。

　Dad is only free の部分が聞き取りにくかったようです。Dad is のように，**子音と母音**あるいは**母音と子音が並ぶ**場合，それがつながって聞こえてしまいます。自分で発音するときも，それを意識して，つなげてみてください。

　①「土曜日に弟と父に会う」，②「日曜日に弟と母に会う」，④「日曜日に母と父に会う」を選んだ人がそれぞれ，5.9%，37.3%，15.7%でした。

Unit 19　お金

音声

1　ディクテーションに挑戦

音声を聞いて下線部の英語を埋めてください。

1. That _____.

(2013 追試　問 6)

2. _____. But _____

_____. I can't buy both.

(2014 追試　第 3 問 B)

3. Great! _____.

(2013 追試　問 14)

4. It's \$20.00 one way, but _____

_____.

(2008 追試　問 4)

　「お金」に関わる問題は，出題されると正解率が悪いようです。計算を要求するものがほとんどなので，たまにはセントまで含めた計算をしてみましょう。ちなみに 100 セント＝ 1 ドルですよ。

● 解答・解説

1．That comes to 60 dollars and 90 cents.

🈩 合計で 60 ドル 90 セントです。

That comes to ～「合計で～」は覚えておきたい表現です。

(設問正解率：46.7%)

2．65 dollars. But I also want a wireless keyboard, and that's 45 dollars. I can't buy both.

🈩 65 ドル。けどワイヤレスのキーボードも欲しいんだ。それが 45 ドル。両方は買えない。

sixty-five や forty-five と聞いて，65 や 45 がパッとイメージできるかどうかがポイントです。

(設問正解率：〈問 18〉82.9%)

3．Great! Only 500 yen, and it wasn't very crowded.

🈩 よかったよ！　たったの 500 円で，しかもあまり人が多くなかった。

Only five hundred yen と聞いて，「安い！」と思えたら OK です。

(設問正解率：67.8%)

4．It's $20.00 one way, but if you buy a round-trip ticket you can save $4.00 each way.

🈩 片道 20 ドルですが，往復切符を購入されると，片道につき 4 ドルお得です。

数字自体は難しくなくても，a round-trip ticket「往復切符」，save「～を節約する」などがわからないと難しいですね。

(設問正解率：53.8%)

2 コツを使って難問に挑戦 No.1

問1. 英語を聞き，答えとして最も適切なものを一つ選びなさい。

How much does it cost to take the eight-mile canoe tour with breakfast and lunch?

① $12.00
② $16.00
③ $19.00
④ $21.00

(2006 追試　問20)

問2. 対話を聞き，答えとして最も適切なものを一つ選びなさい。

How much change does the man get?

① $0.50
② $0.85
③ $35.50
④ $35.85

(2012 追試　問1)

● 解答・解説

問1. **正解** ③

●Thank you for calling White River Canoeing Club. ●This recorded message provides you with some important information about our canoe tours. ●We offer five-mile, eight-mile, and eleven-mile canoe tours. ●The five-mile tour costs ten dollars, <u>the eight-mile tour twelve dollars</u>, and the eleven-mile tour fourteen dollars, per person. ●Rental fees for canoes, paddles, and life jackets are included in the price. ●<u>Lunch is four dollars extra.</u> ●Each tour starts at eight o'clock in the morning. ●<u>Breakfast before the tours is available for three dollars</u>, and those who want to have breakfast are requested to come to the starting point by seven o'clock.

訳 ●ホワイトリバーカヌークラブにお電話を頂きありがとうございます。●この録音メッセージには私どものカヌーツアーに関する大切なお知らせが入っています。●私どもでは，5マイル，8マイル，11マイルのカヌーツアーを提供しています。●ツアーの料金はお一人様，5マイルは10ドル，8マイルは12ドル，そして11マイルは14ドルです。●カヌー，櫂，ライフジャケットのレンタル料は，ツアー価格に含まれています。●昼食は4ドル追加です。●どのツアーも午前8時開始です。●ツアーの前に朝食をお取りになる場合には3ドル必要です。朝食をご希望されるお客様は7時までに出発地点にお越しください。

「朝食と昼食付きの8マイルのカヌーツアーはいくらかかるか？」 正解は③「19ドル」。第●文 Lunch is four dollars extra. の聞き取りが難しいです。

問2. **正解** ③

M：Excuse me. I'd like one of these mugs.
W：Sure. That'll be <u>fourteen dollars and fifty cents</u>.
M：Here you go.
W：All right, out of <u>fifty dollars</u>. Here's your change.

訳 男：すみませんがこのマグカップを一つください。
女：かしこまりました。14ドル50セントです。
男：はい。これでお願いします。
女：わかりました。50ドルからですね。これがおつりです。

おつりがいくらかが問われています。正解は $50.00-$14.50＝③「35ドル50セント」。forty は FORty（for が強い）で，fourteen は fourTEEN（teen が強い）。この区別ができず①「50セント」にした人が33.8%いました。

3 コツを使って難問に挑戦　No. 2

問 3. 対話を聞き，答えとして最も適切なものを一つ選びなさい。

How much is the change?

① $39.10

② $39.81

③ $83.10

④ $83.81

(2013 追試　問 6)

問 4. 対話を聞き，答えとして最も適切なものを一つ選びなさい。

How much will it cost for the woman to send all the postcards?

① ¥70

② ¥140

③ ¥210

④ ¥350

(2014 本試　問 4)

Unit 1
Unit 2
Unit 3
Unit 4
Unit 5
Unit 6
Unit 7
Unit 8
Unit 9
Unit 10
Unit 11
Unit 12
Unit 13
Unit 14
Unit 15
Unit 16
Unit 17
Unit 18
Unit 19
Unit 20
Unit 21
Unit 22
Unit 23
Unit 24
Unit 25
力試し

◉ 解答・解説

問3．　**正解**　①　　　　　　　　　　　　　　　　　　　　（正解率：46.7%）

W：All right. Anything else?

M：No, that's it. What's the total?

W：That comes to <u>60 dollars and 90 cents</u>.

M：Do you have change for <u>a hundred-dollar bill</u>?

W：Yes, we do.

訳　女：承りました。他に何かありますか？
　　男：いえ，これで全部です。合計でいくらですか？
　　女：60 ドル 90 セントです。
　　男：100 ドル札でおつりがありますか？
　　女：はい，大丈夫です。

「おつりはいくらか？」 計算式は 100−60.9=39.1 と，きわめて簡単ですが，60 dollars and 90 cents の部分がしっかり聞き取れないと難しいようです。

問4．　**正解**　④　　　　　　　　　　　　　　　　　　　　（正解率：37.3%）

W：How much does it cost to send <u>three postcards</u> to the US?

M：It's <u>70 yen per card</u>.

W：Oh, I also have <u>two</u> to China.

M：It's the same price to any country.

訳　女：アメリカまでハガキを 3 枚送るのにいくらかかりますか？
　　男：1 枚につき 70 円です。
　　女：あ，中国にも 2 枚あります。
　　男：どの国でも同じ値段です。

すべてのハガキを送るのにいくらかかるかが問われています。前半を聞き取れれば 70 円×3=210 円より高くなるとわかるので，答えは④「350 円」だとわかります。three の th は息の音ですから，慣れていないと聞き取れないことがあります。

Unit 20 計算

音声

1 ディクテーションに挑戦

音声を聞いて下線部の英語を埋めてください。

1. How about one of these?

_____.

（2006 本試　問 4 ）

2. John, did you _____

_____?

（2007 追試　問 4 ）

3. Yes. We have _____

_____.

（2009 追試　問 1 ）

4. Great! _____.

_____.

Then in the last minute Japan scored again.

（2008 追試　問 6 ）

満点のコツ その20 👑 計算を含む数字の聞き取りに慣れよう！

計算を含む数字の問題は，～% off「～%割引」，X out of Y「Yのうちの X」など様々な形で出題されています。簡単な計算（「2 で割る」，「2 倍する」など）を要するものもあるので，訓練が必要です。

❷ 解答・解説

1. How about one of these?

They're usually $80.00, but you can get 50 % off today.

訳 これはどうですか？　普通は 80 ドルですが，今日は半額です。

eighty と eighteen の区別をしっかりしておきましょう。eighty は語頭に強勢がありますが，eighteen は原則として teen の部分に強勢があります。～% off は「～%割引」という意味です。　　　　　　　（設問正解率：88.7%）

2. John, did you hear that the average for our last math test was 17 out of 20?

訳 ジョン，この前の数学の試験の平均は 20 点中 17 点って聞いた？

17 out of 20 は「20 の中の 17」→「20 点満点の 17 点」の意味です。

（設問正解率：75.0%）

3. Yes. We have blue, red and black ones in packs of three, and white ones are sold separately.

訳 はい，青と赤と黒は 3 枚セットですが，白は 1 枚からの販売です。

in packs of three の部分がポイントです。three は th が息の音ですから，非常に弱く聞き取りにくい感じがします。　　　　（設問正解率：89.0%）

4. Great! Japan scored two goals in the first half.

Germany scored twice early in the second half.

Then in the last minute Japan scored again.

訳 素晴らしい！　日本は前半で 2 ゴールした。ドイツは後半の最初に 2 ゴールした。そして土壇場で，日本はまたゴールを決めた。

ここの twice は「2 回」で「2 倍」ではありません。（設問正解率：69.9%）

2 コツを使って難問に挑戦　No.1

問1. 対話を聞き，答えとして最も適切なものを一つ選びなさい。

How much will they pay for the shoes?

① $40
② $50
③ $60
④ $80

（2013 本試　問6）

問2. 対話を聞き，答えとして最も適切なものを一つ選びなさい。

How much is a pack of discount tickets?

① $10
② $12
③ $15
④ $18

（2011 本試　問4）

● 解答・解説

問1．**正解** ③ (正解率：40.1%)

M：Look! Underline{Forty dollars a pair} for all kids' shoes.

W：That's a bit expensive.

M：But there's <u>a 50 percent discount on the second pair</u>.

W：Oh, in that case, let's get <u>two</u> pairs.

訳　男：見てよ！　子ども用の靴が全部1足40ドルだよ。
　　女：ちょっと高いわね。
　　男：でも2足目からは半額だよ。
　　女：そう，じゃあ，2足買いましょう。

　いくら払うことになるかが問われています。a 50 percent discount on the second pair がポイントです。2足目から半額なので，40ドル＋20ドル＝③「60ドル」が正解。また，all kids' shoes が「オーキッシューズ」，in that case が「イッナッケィス」のようにくっついて聞こえます。

問2．**正解** ③ (正解率：15.2%)

M：Oh! Don't you use discount tickets?

W：But the bus fare is just <u>a dollar fifty</u>.

M：Yeah, but with a pack of discount tickets, you can ride <u>twelve times for the cost of ten</u>.

W：Really? I'll get one now.

訳　男：え，割引券は使わないのですか？
　　女：でも，バスの運賃はたったの1ドル50セントでしょ。
　　男：そうですが，割引券なら，10回分の値段で12回乗れますよ。
　　女：本当ですか？　では一つもらいます。

　割引券の値段が問われています。正解は③「15ドル」。a dollar fifty が「1ドル50セント」のことだとわかった上で，男性の2回目の発言から割引券は the cost of ten「10回分の値段」であることが聞き取れたかどうかがポイントです。

3　コツを使って難問に挑戦　No. 2

問3. 対話を聞き，答えとして最も適切なものを一つ選びなさい。

How much would the woman pay for only one pair of jeans?

    ① $50
    ② $75
    ③ $100
    ④ $150

(2009 追試　問5)

問4. 対話を聞き，答えとして最も適切なものを一つ選びなさい。

How much does the whole group have to pay?

    ① $44
    ② $52
    ③ $55
    ④ $65

(2009 本試　問6)

Unit 1
Unit 2
Unit 3
Unit 4
Unit 5
Unit 6
Unit 7
Unit 8
Unit 9
Unit 10
Unit 11
Unit 12
Unit 13
Unit 14
Unit 15
Unit 16
Unit 17
Unit 18
Unit 19
Unit 20
Unit 21
Unit 22
Unit 23
Unit 24
Unit 25
力試し

● 解答・解説

問3． **正解** ③　　　　　　　　　　　　　　　　　　　　　　（正解率：29.5%）

W：Are all your jeans the same price?

M：Yes, but <u>a second pair is 50 % off</u>.

W：So would that be <u>$150 for two pairs</u>?

M：That's right.

訳　女：このジーンズはすべて同じ値段ですか？
　　男：はい，でも2着目は半額です。
　　女：ということは，2着で150ドルですね？
　　男：その通りです。

　ジーンズを1着だけ買う場合いくらになるかが問われています。正解は③「100ドル」です。まず，$150はa hundred fifty dollarsと発音されていることに注意してください。a second pair is 50% off「2着目は半額」の部分が聞き取れずに②「75ドル」にした人が42.5%もいました。

問4． **正解** ①　　　　　　　　　　　　　　　　　　　　　　（正解率：22.5%）

M：The sign says admission is <u>five dollars each</u>.

W：But since we're a group, we can <u>save a dollar on each ticket</u>.

M：We have <u>eleven students</u> and teachers are free.

W：Sounds good.

訳　男：掲示には入場料は1人5ドルとあるよ。
　　女：でも私たちは団体だから，チケット1枚につき1ドル安くなるよ。
　　男：生徒が11人で，先生は無料だね。
　　女：いいわね。

　「この団体はいくら払わなければいけないか？」　正規料金だと1人5ドルだが，団体だと1枚につき1ドル安くなり，先生は無料だから，**4ドル×生徒11名＝①44ドル**が正解。save a dollar on each ticketの部分が聞き取れて，理解できたかどうかがポイント。③「55ドル」を選んでしまった人が63.1%もいることから，その部分の聞き取りが難しかったことがわかります。

Unit 21 比較級・最上級 音声🔊

1 ディクテーションに挑戦

音声を聞いて下線部の英語を埋めてください。

1 . Hmm. But _____

_____.

（2013 本試　第3問B）

2 . She jumped three and a half meters first, but then only one meter.

_____.

_____. She came in last.

（2008 追試　第3問B）

3 . Are you sure _____?

_____.

（2014 追試　第3問B）

4 . Hmm, _____.

（2007 本試　問10）

Unit
1
Unit
2
Unit
3
Unit
4
Unit
5
Unit
6
Unit
7
Unit
8
Unit
9
Unit
10
Unit
11
Unit
12
Unit
13
Unit
14
Unit
15
Unit
16
Unit
17
Unit
18
Unit
19
Unit
20
Unit
21
Unit
22
Unit
23
Unit
24
Unit
25
力試し

満点のコツ
その 21 👑 比較級・最上級の聞き取りに慣れよう！

比較級や最上級は基本的なものが出題されます。これは「共通テストが簡単」なのではなくて，簡単なものこそ使用頻度が高いからです。

❯ 解答・解説

1. **Hmm. But** if we look at the actual numbers, the US sends **the fewest of the three.**

🗏 うん。けど実際の数字を見ると，アメリカは3つの国の中で最も少ない数しか送っていないね。

最上級の **the fewest of ~** の部分がポイントとなります。

(設問正解率：〈問18〉59.2%)

2. **She jumped three and a half meters first,** but then only one meter.

She tied for third with Mr. King.

Ms. Brown had the hardest time. **She came in last.**

🗏 彼女は最初3.5メートル跳んだけど，次はたったの1メートルだった。キング先生と同じく3位だった。ブラウン先生は一番大変で，最下位だった。

the hardest の部分の最上級の聞き取りは大丈夫でしょうか？ **tied for third** の部分もなかなか大変ですね。

(設問正解率：〈問18〉26.6%)

3. **Are you sure** you need the biggest hard disk?

They have smaller ones for less.

🗏 一番大きなハードディスクが本当に要るの？ もっと小さいやつなら，もっと安く手に入るよ。

最後の **for less** は聞き取れましたか？

(設問正解率：〈問17〉65.8%)

4. **Hmm,** since the engine needs major repairs, it'll be at least 3,000 dollars.

🗏 うん。エンジンは大がかりな修理が必要だから少なくとも3,000ドルはかかる。

at least「少なくとも」は，lの発音に注意してください。

(設問正解率：92.5%)

2　コツを使って難問に挑戦　No. 1

問1. 対話を聞き，答えとして最も適切なものを一つ選びなさい。

How does the man feel about the lessons?

① Both tennis and yoga were easy.
② Neither tennis nor yoga was easy.
③ Tennis was easy and yoga was not.
④ Yoga was easy and tennis was not.

(2014 追試　問 16)

問2. 対話を聞き，答えとして最も適切なものを一つ選びなさい。

Which is the current score?

① 1—2
② 2—3
③ 2—4
④ 3—4

(2013 本試　問 4)

Unit
1

Unit
2

Unit
3

Unit
4

Unit
5

Unit
6

Unit
7

Unit
8

Unit
9

Unit
10

Unit
11

Unit
12

Unit
13

Unit
14

Unit
15

Unit
16

Unit
17

Unit
18

Unit
19

Unit
20

Unit
21

Unit
22

Unit
23

Unit
24

Unit
25

力
試
し

◉ 解答・解説

問1. 正解 ②

> W : Hi, Dennis. How did you like the free tennis and yoga lessons at the gym?
>
> M : Don't ask. I did terribly! But ... maybe tennis was <u>easier</u>.
>
> W : Really? I'm glad you found something you're good at.
>
> M : I didn't say it was <u>easy</u>! I just said <u>easier</u>!

訳　女：やあ，デニス。ジムの無料のテニスとヨガのレッスンはどうだったの？
　　男：聞かないでよ。ひどかったよ！　でも…ひょっとしたらテニスの方が簡単だったかな。
　　女：本当？　得意なものが見つかってよかったね。
　　男：簡単だなんて言ってないよ！　比べれば簡単だと言っただけ！

　「男性はレッスンをどう感じているか？」という問題です。正解は②「テニスもヨガも簡単ではなかった」です。easy と easier の違いの聞き取りがポイント。③「テニスは簡単だったが，ヨガは簡単ではなかった」にした人が28.9%。①「テニスもヨガも簡単だった」が25.7%です。

問2. 正解 ②

> W : How's the soccer game going?
>
> M : Well, the Bears have two goals, but they're <u>behind</u>.
>
> W : There're 14 minutes left. They still have a chance.
>
> M : Yeah, <u>two more goals</u> to win the game!

訳　女：サッカーの試合はどうなっているの？
　　男：ええっと，ベアーズは2点取っているけど，負けているんだ。
　　女：残り14分あるから，まだチャンスはあるわね。
　　男：うん，あと2点取れば勝てるね！

　現在のスコアは「2点取っていて負けているが，あと2点取れば勝てる」ということから答えは出ます。③にした人が39.5%，①が8.3%，④が7.0%です。ポイントは behind と two more goals が聞き取れたかどうかです。

3 コツを使って難問に挑戦　No. 2

問3．長めの対話を一つ聞き，問いに対する答えとして最も適切なものを
　　六つの選択肢（①～⑥）のうちから一つずつ選びなさい。

対話の場面
　二人の友人が，モロッコで行われる長距離マラソンについて話して
います。

問い
　下の表の　1　と　2　にあてはまる距離はどれですか。

Stage	Distance
1	1
2	34 km
3	38 km
4	2
5	42 km
6	22 km

① 25 km　　② 41 km　　③ 42 km
④ 60 km　　⑤ 72 km　　⑥ 82 km

（2012 本試　第3問B　改）

Unit 1
Unit 2
Unit 3
Unit 4
Unit 5
Unit 6
Unit 7
Unit 8
Unit 9
Unit 10
Unit 11
Unit 12
Unit 13
Unit 14
Unit 15
Unit 16
Unit 17
Unit 18
Unit 19
Unit 20
Unit 21
Unit 22
Unit 23
Unit 24
Unit 25
力試し

● 解答・解説

問3. **正解** 　1　 ①　 　2　 ⑥　　　　（正解率：1—58.3%, 2—33.3%）

W：What are you doing?

M：I'm filling out an entry form to run in this year's ultra marathon in Morocco.

W：What's that?

M：It's a six-stage endurance footrace almost 250 kilometers long. Here, look.

W：Oh, I see. Each stage is a different distance. In the fifth stage, you run a regular marathon, right? It's 42 kilometers.

M：Uh-huh. And the hardest part is before that — <u>more than twice the distance of the third stage.</u>

W：That's tough.

M：Yeah, but I'm most worried about Stages 2 and 3, which are run over desert sand for a total of 72 kilometers.

W：It looks like <u>the first and last stages are shorter than the others</u> so you can warm up at the beginning, and take it easy at the end.

訳　女：何してるの?

男：今年のモロッコでのウルトラマラソンの参加申込書を書いているんだ。

女：何なの，それ?

男：6つのステージからなるおよそ250キロの耐久徒競走なんだ。ほら，見てよ。

女：ああ，わかった。それぞれのステージで距離が違うのね。第5ステージは普通のマラソンね。42キロだし。

男：そうだね。そして最も過酷なのはその前なんだ。第3ステージの2倍以上の距離だ。

女：それはきついわね。

男：うん。でも一番心配なのは合計72キロもの間，砂漠の上を走る第2と第3ステージなんだ。

女：最初と最後のステージは他よりは短いようだから，出だしで調子を整えて，最後は気楽にいけるわね。

　　　1　は最後の女性のセリフ〈比較級＋than ～〉，　2　は男性の3番目のセリフの〈倍数表現＋名詞〉「～の…倍」がわかれば解ける問題です。スクリプトを見れば何でもないようですが，　2　の正解率はかなり低かったです。

Unit 22 「差」を示す表現 音声 🔊

1 ディクテーションに挑戦

音声を聞いて下線部の英語を埋めてください。

1. Yeah, _____

   _____.

   (2010 追試 第3問B)

2. _____

   _____.

   (2010 本試 第3問B)

3. _____.

   (2011 追試 問16)

4. No, _____.

   (2014 本試 問2)

Unit 1
Unit 2
Unit 3
Unit 4
Unit 5
Unit 6
Unit 7
Unit 8
Unit 9
Unit 10
Unit 11
Unit 12
Unit 13
Unit 14
Unit 15
Unit 16
Unit 17
Unit 18
Unit 19
Unit 20
Unit 21
Unit 22
Unit 23
Unit 24
Unit 25
力試し

満点のコツ その22 👑 as 〜 as や「差」を示す表現に慣れよう！

as 〜 as は，非常に弱く発音されるため聞き取りが意外と困難です。また increase by 〜「〜増える」などの〈差〉を示す by や，two years older「2歳年上」などの〈数字＋比較級〉などが狙われています。

❷ 解答・解説

1. **Yeah,** the report says Asia has almost twice as many languages as the Pacific.

訳 はい，アジアは太平洋地域のおよそ2倍の言語を有しているとその報告書は述べています。

倍数 as 〜 as の聞き取りです。as は非常に弱く発音されます。

（設問正解率：〈問 19〉58.1%）

2. Those aged 35 to 44 increased by 9 % , as did people in their late 50s to early 60s.

訳 35歳から44歳までの人が9％増えているが，これは50代後半から60代前半の人と同じであった。

様々な数字を聞き取る訓練です。〈差〉を示す by にも注意。

（設問正解率：〈問 19〉66.7%）

3. He wants to see as much of Japan as possible in a week.

訳 彼は1週間でできるだけ日本の多くを見たいと思っている。

as 〜 as possible は「できるだけ〜」の意味の基本的な熟語ですが，聞き取るのは意外と困難です。 （設問正解率：43.8%）

4. **No,** in my country we start one month earlier than Japan.

訳 いや，私の国では日本より1カ月早く始まります。

〈数字＋比較級〉に要注意。また，earlier の ear は暗い「アー」です（⇨ P.70）。一般に ear を「アー」と発音する場合はこの音です。例外は heart「心」，hearth「炉床」で，この2語は[ɑ:r]の音です。 （設問正解率：70.6%）

2 コツを使って難問に挑戦　No.1

問1. 対話を聞き，答えとして最も適切なものを一つ選びなさい。

How much did the man get?

① ¥20,000
② ¥30,000
③ ¥37,000
④ ¥63,000

（2014 追試　問5）

問2. 英語を聞き，答えとして最も適切なものを一つ選びなさい。

Why did aloha shirts spread to the mainland United States?

① They became cheaper and more colorful.
② They reflected the dreams of many Americans.
③ They replaced clothing for business people.
④ They were comfortable for workers.

（2012 本試　第4問B　問24　改）

Unit 1
Unit 2
Unit 3
Unit 4
Unit 5
Unit 6
Unit 7
Unit 8
Unit 9
Unit 10
Unit 11
Unit 12
Unit 13
Unit 14
Unit 15
Unit 16
Unit 17
Unit 18
Unit 19
Unit 20
Unit 21
Unit 22
Unit 23
Unit 24
Unit 25
力試し

● 解答・解説

問1. 正解 ①　　　　　　　　　　　　　　　　　　　　　　　　（正解率：50.7%）

> M：How much money did you get for New Year's?
> W：I got 50,000 yen.
> M：Wow! That's <u>30,000 more than</u> I got. Did you spend it?
> W：No, I put it in the bank.

訳
> 男：お正月はいくらぐらいもらったの？
> 女：5万円よ。
> 男：すごい！　僕より3万円多い。使ったの？
> 女：いいえ，貯金したわ。

男性がいくらもらったのかが問われています。正解は①「2万円」です。〈数字＋比較級〉がポイント。③「3万7千円」にした人が21.7%もいます。

問2. 正解 ②　　　　　　　　　　　　　　　　　　　　　　　　（正解率：14.7%）

> ❶Although some people thought Hawaiian shirts were cheap-looking, alohas became very popular. ❷In the 1950s, air travel from the mainland became cheaper, the standard of living in America was improving, and people wanted clothes <u>as bright and flashy as their hopes</u> for the future. ❸Pop stars and presidents alike put on alohas and a trend took off. ❹Outside Hawaii, the aloha symbolized fun times, but back on the islands, aloha shirts were acceptable in place of a suit and tie.

訳
> ❶アロハシャツは安っぽく見えると思った人もいたが，大変人気が出た。❷1950年代には，アメリカ本土からの飛行機の旅が安くなり，アメリカの生活水準が向上しつつあったため，人々は将来に対する自分たちの希望に負けないような明るくて華やかな服を望んだ。❸ポップスターも大統領もアロハシャツを身につけ，流行は勢いを増した。❹ハワイの外では，アロハシャツは楽しい時間の象徴だったが，ハワイではスーツとネクタイの代わりとして認められた。

アメリカ本土にアロハシャツが広がった理由は，②「**それらは多くのアメリカ人の夢を反映した**」です。音声ではアロハシャツのハワイ以外での人気ぶりが描写されています。**第❷文後半の as 〜 as … がポイント。**①「安くなり，色鮮やかになった」は主張から明らかにずれていますが，聞こえた cheap や bright から46.8%の人が選びました。なお，③は「実業家の衣服に取って代わった」，④は「労働者にとって着心地がよかった」です。

3 コツを使って難問に挑戦 No. 2

問3．長めの対話を一つ聞き，問いに対する答えとして最も適切なものを
六つの選択肢（①〜⑥）のうちから一つずつ選びなさい。

対話の場面
　二人の友人が，動物のスピードについて話しています。

問い
　下の表の　1　〜　3　にあてはまる動物はどれですか。

Animal Top Speeds

Animal	Speed（km/h）
Cheetah	110
Horse	75
1	48
2	40
Human	36
Snake	32
3	24
Chicken	14

① Cat　　② Elephant　　③ Rabbit

④ Snail　　⑤ Tortoise　　⑥ Turkey

（2013 追試　第3問B　改）

Unit 1
Unit 2
Unit 3
Unit 4
5
Unit 6
Unit 7
Unit 8
Unit 9
Unit 10
Unit 11
Unit 12
Unit 13
Unit 14
Unit 15
Unit 16
Unit 17
Unit 18
Unit 19
Unit 20
Unit 21
Unit 22
Unit 23
Unit 24
Unit 25
力試し

● 解答・解説

問3. **正解** ☐1 ① ☐2 ② ☐3 ⑥

（正解率：1 — 57.2％，2 — 68.4％，3 — 91.4％）

M：Humans can run up to 36 kilometers an hour, but <u>turkeys only up to 24</u>.

W：What other animals are mentioned?

M：Well, <u>cats are 12 kilometers faster than</u> humans. And horses are more than twice as fast.

W：How fast can tortoises go?

M：Less than half a kilometer an hour. But which do you think is faster, an elephant or a snake?

W：An elephant.

M：Yeah, but not by much. Snakes can go 32 kilometers an hour, but <u>elephants are only faster by 8</u>.

W：Wow! How fast are chickens?

M：Fourteen kilometers an hour.

W：Good. Maybe I'm fast enough to catch one for dinner!

訳　男：人間は最大毎時36キロで走ることができるけど，七面鳥は，24キロが限界なんだ。

女：他にはどんな動物が書かれているの？

男：うん。ネコは人間よりも12キロ速くって，馬は2倍以上速い。

女：カメはどう？

男：時速0.5キロ以下。けど，ゾウとヘビはどちらが速いと思う？

女：ゾウかな。

男：うん。でもたいした差はない。ヘビは時速32キロだけどゾウは8キロ速いだけ。

女：へえ！　鶏はどれくらいの速度なの？

男：時速14キロ。

女：いいね。私でも晩ご飯に1羽捕まえられそうね！

　〈数字＋比較級〉の数字や，by ～ が増減などの〈差〉を示すことがわかっているかどうかがポイントです。また，up to ～「最大で～まで」という表現にも注意しましょう。

Unit 23　否定疑問文　音声

1　ディクテーションに挑戦

音声を聞いて下線部の英語を埋めてください。

1. _____?

(2009 本試　問 3)

2. _____?

(2010 本試　問 6)

3. _____.

(2008 本試　問 7)

4. _____.　_____?

(2012 本試　問 14)

満点のコツ
その23 👑 否定疑問文や Yes / No に慣れよう！

Yes / No の受け答えに注意しましょう。「犬は好きではないですか？」と聞かれて「いいえ（＝好きです）」のように答える日本語とは違い，**英語の No は否定文**であることを示します。Don't you like dogs? と聞かれて Yes と答えれば Yes, I do.（＝I like dogs.）のことで，No と答えれば No, I don't.（＝I don't like dogs.）のことです。日本語で考えると間違ってしまうので注意が必要です。否定したかったら No が使われます。

❷ 解答・解説

1. Isn't the soccer game starting now?

🈩 サッカーの試合はまだ始まってないの？

この質問に **Yeah** と答えれば，**肯定の意味**で「始まっている」ということになります。　　　　　　　　　　　　　　　　　　　　　（設問正解率：46.9%）

2. Doesn't Ken live across from a school and a bank?

🈩 ケンの家は学校と銀行の向かい側じゃなかったかな？

これも否定疑問文ですね。across from 〜「〜の向かいに」は，across the street from 〜 と同じ意味です。across の a にアクセントはないので聞こえにくいです。　　　　　　　　　　　　　　　（設問正解率：87.4%）

3. I wish I could, but something came up.

🈩 そうしたいのだけど，用ができちゃって。

I wish I could. は，誘いを断る場合の慣用句で，**No の代わり**です。聞いたらすぐに反応できるようにしてください。　　　　　　　　（設問正解率：69.9%）

4. Spinach grows really fast. Why don't we plant that first?

🈩 ほうれん草の成長は本当に速いよ。まずそれを植えてみない？

Why don't we 〜?「〜してみない？」の慣用表現です。賛成する場合には Good idea.「いいね」などと言います。　　　　　　　　　（設問正解率：70.5%）

2 コツを使って難問に挑戦 No. 1

問1. 対話を聞き，最後の発言に対する相手の応答として最も適切なもの
を一つ選びなさい。

    ① No, because I wanted to know about it.

    ② No. Were we supposed to do that?

    ③ Yes. I only read Chapters 7 and 9.

    ④ Yes. Is that why we didn't skip it?

(2010 追試　問 12)

問2. 対話を聞き，答えとして最も適切なものを一つ選びなさい。

How much are the stamps?

    ① $2.50

    ② $5.10

    ③ $17.50

    ④ $20.00

(2008 本試　問 4)

Unit 1
Unit 2
Unit 3
Unit 4
Unit 5
Unit 6
Unit 7
Unit 8
Unit 9
Unit 10
Unit 11
Unit 12
Unit 13
Unit 14
Unit 15
Unit 16
Unit 17
Unit 18
Unit 19
Unit 20
Unit 21
Unit 22
Unit 23
Unit 24
Unit 25
力試し

● 解答・解説

問1. **正解** ②　　　　　　　　　　　　　　　　　　　　（正解率：32.9%）

> W：Review Chapters 7 to 9 for the test tomorrow …. Yes, Ken?
>
> M：<u>Didn't we skip Chapter 8, Ms. Ito?</u>
>
> W：Yes, but <u>didn't you read it at home?</u>

訳　女：明日のテストに向けて7～9章までをおさらいしておいてね…。何かしら，ケン？
　　男：8章はとばしていなかったですか，イトウ先生？
　　女：そうね。でも家で読んでないの？

　正解は②「読んでいません。読むことになっていたのですか？」。didn't you read it at home? は did you read it at home? と同じこと。その他の選択肢は次の通り。①「読んでいません。それについて知りたかったので」③「読みました。7章と9章だけ読みました」　④「読みました。だから8章をとばさなかったんですよね？」

問2. **正解** ①　　　　　　　　　　　　　　　　　　　　（正解率：24.5%）

> W：Hi, I'd like five ten-cent stamps and two one-dollar stamps, please.
>
> M：All right. <u>Anything else?</u>
>
> W：<u>No</u>, but I only have a twenty-dollar bill.
>
> M：No problem.

訳　女：こんにちは，10セント切手を5枚と，1ドル切手2枚ください。
　　男：承りました。他には？
　　女：いいえ，20ドル札しかありませんが。
　　男：大丈夫です。

　切手の代金は，最初に2ドル50セント分の切手を注文し，**「他には要りませんか？」**に対して No**「いいえ」**と答えているので，①**「2ドル50セント」**で確定します。最初の発言が流れるように聞こえるので難しく感じます。

3 コツを使って難問に挑戦　No. 2

問3. 対話の場面が日本語で書かれています。対話を聞き，問いの答えとして最も適切なものを一つ選びなさい。

カフェで Jane が Mike と話をしています。

Which is true according to the conversation?

① Jane and Mike graduated four years ago.
② Jane and Mike were classmates before.
③ Jane had difficulty recognizing Mike.
④ Mike's hairstyle has changed a little.

(2021 本試（第2日程）　問 15)

Unit
1
Unit
2
Unit
3
Unit
4
Unit
5
Unit
6
Unit
7
Unit
8
Unit
9
Unit
10
Unit
11
Unit
12
13
Unit
14
Unit
15
Unit
16
Unit
17
Unit
18
Unit
19
Unit
20
Unit
21
Unit
22
**Unit
23**
Unit
24
Unit
25
力
試
し

● 解答・解説

問3. **正解** ②　　　　　　　　　　　　　　　　　　　　(正解率：54.2%)

W : You're Mike Smith, aren't you?

M : Hey, Jane Adams, right?

W : Yes! I haven't seen you for ages.

M : Wasn't it five years ago, when our class graduated?

W : Yes, almost six.

M : Well, I'm glad you recognized me. <u>I haven't changed</u>?

W : <u>No</u>, I recognized you immediately. You haven't changed your hairstyle at all.

訳　女：マイク・スミスよね？

男：やあ，ジェーン・アダムスだよね？

女：そう！　久しぶりだね。

男：僕たちのクラスが卒業したのは5年前だったかな？

女：うん，もうすぐ6年だね。

男：まあ，僕のことがわかってくれてうれしい。変わってないかな？

女：うん，すぐにわかったよ。髪型も全然変わってないし。

「会話によると正しいのはどれか？」　正解は②「ジェーンとマイクは以前，クラスメートだった」です。男性と女性の2回目の発言から，2人が同じクラスだったことがわかります。女性の最後の発言の No が **No, you haven't changed.** だとわからずに④「マイクの髪型は少し変わった」を選んだ人が29.2%でした。①「ジェーンとマイクは4年前に卒業した」，③「ジェーンは（相手のことを）マイクだとなかなか気づけなかった」を選んだ人が，それぞれ4.2%，12.4%でした。**No** は，「いいえ」ではなく，**否定文の合図である**ことを確認してください。

Unit 24 位置関係

音声

Unit 1
Unit 2
Unit 3
Unit 4
Unit 5
Unit 6
Unit 7
Unit 8
Unit 9
Unit 10
Unit 11
Unit 12
Unit 13
Unit 14
Unit 15
Unit 16
Unit 17
Unit 18
Unit 19
Unit 20
Unit 21
Unit 22
Unit 23
Unit 24
Unit 25
力試し

1 ディクテーションに挑戦

音声を聞いて下線部の英語を埋めてください。

1. As you face the stage, _____.

(2007 本試　問3)

2. Yes. _____?

(2007 本試　問2)

3. _____.

(2006 追試　問3)

4. It's over there —_____

_____.

(2006 本試　問3)

満点のコツ その24 ♛ 位置関係の問題に慣れよう！

　位置関係や地図などの問題は，特有の表現を覚えておかないといけません。たとえば，「右の家」は the right house ではなく，**the house on the (*one's*) right** であることに注意してください。ちなみに，the right house だと「適切な家」の意味になります。

❯ 解答・解説

1 ．**As you face the stage,** it's in the second row, second seat from the right.

　訳　ステージに向かって，2番目の列で，右から2番目の席です。

　　　席の位置がわかったでしょうか？　他にも，**sit in ～row**「～列に座る」，**sit on *one's* right**「～の右側に座る」，**the left aisle**「左側の通路」などの表現はぜひ確認しておいてください。　　　　　　　　　（設問正解率：86.3%）

2 ．**Yes.** Can you show me that tie with circles under the stripes?

　訳　はい。縞模様の下に円が描いてあるネクタイを見せてくれる？

　　　模様のイメージは湧きましたか？　前置詞の **with** も **under** も弱いので聞きづらいですね。　　　　　　　　　　　　　　　　　　　　（設問正解率：78.1%）

3 ．It's on the top shelf of the bookcase next to my desk, on the right side.

　訳　それは私の机の隣にある本棚の一番上の棚の右側にあります。

　　　top の反対語は **bottom**「下，底」です。なお，「棚に～を置く」は，**put ～ on the shelf** です。　　　　　　　　　　　　　　　　　（設問正解率：66.0%）

4 ．It's over there — the one with a computer on the left and some books on the right.

　訳　それは向こうにあります。左にコンピュータ，右に数冊の本があるやつです。

　　　～on the left / right「左／右の～」に注意してください。また，**some books** が聞こえにくいです。少なくとも単数形か複数形かが確認できれば OK です。　　　　　　　　　　　　　　　　　　　　（設問正解率：97.9%）

2 コツを使って難問に挑戦　No. 1

問1. 対話を聞き，答えとして最も適切なものを一つ選びなさい。

Where is the coffee shop?

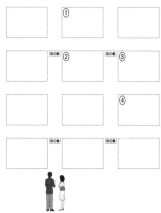

（2014 追試　問 6）

問2. 対話を聞き，答えとして最も適切なものを一つ選びなさい。

Where is City Hall?

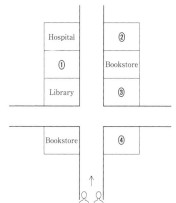

（2011 本試　問 3）

Unit
1
Unit
2
Unit
3
Unit
4
Unit
5
Unit
6
Unit
7
Unit
8
Unit
9
Unit
10
Unit
11
Unit
12
Unit
13
Unit
14
Unit
15
Unit
16
Unit
17
Unit
18
Unit
19
Unit
20
Unit
21
Unit
22
Unit
23
Unit
24
Unit
25
力
試
し

● 解答・解説

問1. **正解** ①　　　　　　　　　　　　　　　　　　　　　　（正解率：11.8%）

W : Excuse me, is there a coffee shop nearby?

M : Yes, there's one straight ahead at the second light.

W : Thanks.

M : Oh, wait. That one's gone. There's one <u>a block further down</u> though.

訳　女：すみませんが，この近くに喫茶店はありますか？
　　男：ええ，まっすぐ行って，二つ目の信号の所にあります。
　　女：ありがとう。
　　男：ああ，待ってください。その喫茶店はなくなりました。けど，もう少し行った所に1軒あります。

　「喫茶店はどこか？」 a block further down で間違えた人がほとんどです。この down は along と同じ意味で，「下へ」の意味ではありません。なんと43.4%の人が④を選んでいます。道案内で down が聞こえたら要注意！　なお，That one's gone. の gone は「なくなった」という意味です。ここも混乱した要因の一つでしょう。

問2. **正解** ①　　　　　　　　　　　　　　　　　　　　　　（正解率：66.4%）

M : Excuse me, I'm lost.

W : Where're you going?

M : City Hall. Isn't it <u>across the street from a bookstore</u>?

W : Yes. Walk past the library, and you'll see it <u>right before the hospital</u>.

訳　男：すみません。道に迷ってしまって。
　　女：どこに行くのですか？
　　男：市役所です。本屋の向かい側ではなかったですか？
　　女：はい。図書館の前を通り過ぎると，病院のすぐ手前に見えます。

　「市役所はどこにあるか？」 まず，across the street from ～「～の向かい側に」に注意してください。この表現はしばしば the street が省かれ across from ～ と言うこともあります。さらに，〈right＋場所を表す副詞（句）〉の right は「右」ではなく，**強調の副詞**です。もし「右に見えます」なら，see it on your right となります。

3 コツを使って難問に挑戦 No. 2

問3. 対話を聞き，答えとして最も適切なものを一つ選びなさい。

Which CD player are they talking about?

①

②

③

④

(2012 追試 問5)

問4. 対話を聞き，答えとして最も適切なものを一つ選びなさい。

Which is the woman's fish tank?

①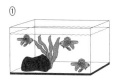

②

③

④

(2011 追試 問3)

● 解答・解説

問3. **正解** ①   (正解率：15.9%)

W：I can't get the CD out of this old player.
M：Just press <u>the button on the left</u>.
W：You mean the one above the knob?
M：No, <u>the one right under the knob</u>.

訳　女：この古いプレーヤーから CD が取り出せないよ。
　　男：左のボタンを押すだけでいいよ。
　　女：つまみの上のボタンのこと？
　　男：違う。つまみの真下のボタンだよ。

　「話題に上がっているのはどの CD プレーヤーか？」「左のボタン」は，見ている人の立ち位置によって変わってしまうので，the left button とは言わずに the button on the left〔on your left〕と言います。また，〈right＋場所を表す副詞（句）〉の right は強調表現であることに注意。最後の発言は the one の the が聞こえず，right under the がひと続きで「ライアンダザ」となっており，非常に聞き取りにくいですね。

問4. **正解** ②   (正解率：61.1%)

M：Hey, you've got some goldfish.
W：Yeah, I had five but I gave two away.
M：Oh? Where's the other one?
W：It's <u>right there behind the plant</u>.

訳　男：へえ，金魚がいるね。
　　女：そうよ。5匹いたんだけど2匹は人に譲ったの。
　　男：ええと？　もう1匹は？
　　女：そこの植物の裏にいるわよ。

　「女性の水槽はどれか？」　まず，5－2＝3匹の金魚がいるはずだと予想できますが，Where's the other one? という発言から1匹が見当たらないとわかります。最後に残りの1匹の行方がわかるのですが，英語では right there「まさにそこ」と言ってから behind the plant「植物の後ろ」という言い方をしますので注意してください。

Unit 25　固有名詞

音声 🔊

1　ディクテーションに挑戦

音声を聞いて下線部の英語を埋めてください。

1. _____

   _____ .

   (2008 本試　問 21)

2. _____ .

   (2013 本試　問 20)

3. _____ .

   _____ !

   (2008 本試　問 20)

4. _____ .

   (2014 追試　問 20)

Unit
1
Unit
2
Unit
3
Unit
4
Unit
5
Unit
6
Unit
7
Unit
8
Unit
9
Unit
10
Unit
11
Unit
12
Unit
13
Unit
14
Unit
15
Unit
16
Unit
17
Unit
18
Unit
19
Unit
20
Unit
21
Unit
22
Unit
23
Unit
24
Unit
25
力試し

満点のコツ その25 👑 固有名詞に慣れよう！

　固有名詞を含む文は非常に聞きづらさを感じます。たとえ，それを日本語で知っていても，英語で発音されると別の単語に聞こえる場合が多々あります。少なくとも固有名詞かどうかの識別はできる訓練をしておきましょう。

❷ 解答・解説

1. Waverly Hills welcomes you to our spacious grounds and facilities right in the middle of the Smokey Mountains.

訳 ウェイバリーヒルズは，スモーキーマウンテンのど真ん中で，広々とした土地と施設であなたをお迎えいたします。

　文頭に固有名詞があると焦りますが，落ち着いて聞きましょう。

(設問正解率：76.9%)

2. Angora rabbits are soft and lovable pets.

訳 アンゴラウサギは柔らかく愛らしいペットです。

　これも文頭に固有名詞がきますが，あわてずに対処しましょう。

(設問正解率：60.5%)

3. By now you should know who our guest is.

　Yes, it's the one and only Maria M. from Italy!

訳 もうゲストが誰かおわかりでしょう。はい，イタリア出身の正真正銘のマリア・Mさんです！

　the one and only ～ は，俳優や歌手を紹介するときに使われる慣用表現ですが，このへんからゴニョゴニョと聞こえてしまいます。 (設問正解率：59.4%)

4. In Bhutan, an Asian country, men's fashion is quite unique.

訳 アジアの国の一つであるブータンでは，男性のファッションがかなり独特である。

　日本語の「ブータン」とは，発音もアクセントも異なりますね。

(設問正解率：65.1%)

2 コツを使って難問に挑戦 No.1

問1．対話を聞き，答えとして最も適切なものを一つ選びなさい。

Which station are they at now?

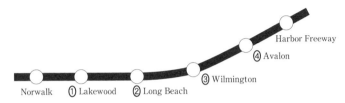

Harbor Freeway

④ Avalon

③ Wilmington

Norwalk ① Lakewood ② Long Beach

(2013 追試 問1)

問2．英語を聞き，答えとして最も適切なものを一つ選びなさい。

Which cities did Mr. Sasaki originally plan to visit?

① Brisbane and Sydney.

② Brisbane, Melbourne, and Sydney.

③ Melbourne and Brisbane.

④ Melbourne and Sydney.

(2008 追試 問21)

◯ 解答・解説

問1. **正解** ① (正解率：75.0%)

W：Excuse me. I'm going to <u>Avalon</u>. Should I get on this train?
M：No, you've got to go to track two.
W：How far is <u>Avalon</u> from here?
M：It's the third stop.

訳　女：すみませんが，アバロンへ行くのですが，この電車でいいですか？
　　男：いいえ，2番線に行かなければなりません。
　　女：ここからアバロンへはどれくらいですか？
　　男：3つ目の駅です。

今いる駅は① Lakewood です。the third stop の ir の部分が暗い「アー」です（⇨ P. 70）。

問2. **正解** ① (正解率：26.6%)

₁Hello, Mr. Sasaki? ₂This is Mel's Travel Agency calling from Australia. ₃I'm afraid that the tour you booked for next week has been cancelled because there weren't enough people to go. ₄However, we have a similar tour to Australia, <u>except this one will go to Melbourne instead of Brisbane</u>. ₅The rest of the plan is the same, including the price. ₆That is, you'll spend the last three days <u>in Sydney</u>, and you'll stay at the best hotels. ₇And, of course, breakfast is included in the price. ₈Please call us back and let us know what you think.

訳　₁もしもし，ササキ様でしょうか。₂こちらはメルズ旅行代理店で，オーストラリアから電話しています。₃残念ながら，ササキ様がお申し込みになった来週の旅行は最少催行人数に満たないためキャンセルになりました。₄しかし，オーストラリア行きの似たようなツアーをご用意しております。これは，ブリズベンではなくメルボルンに行くことを除けば同じです。₅旅行の他の部分は，価格を含めて同じです。₆つまり，シドニーで最後の3日間をお過ごし頂き，宿泊は最高ランクのホテルです。₇そして，もちろん朝食は価格に含まれています。₈折り返しお電話を頂き，ご意見をお聞かせください。

ササキさんが行く予定だった都市は① Brisbane and Sydney. です。except 以下が聞き取れれば解ける問題ですが，聞き慣れない固有名詞を含んでいるためか正解率は低いです。④ Melbourne and Sydney. を選んだ人が37.1%もいました。

3 コツを使って難問に挑戦　No. 2

問3．対話を聞き，答えとして最も適切なものを一つ選びなさい。

Where will the woman get on the bus?

① At Central Bus Station.
② At Taylor Hall.
③ At the Crown Theater.
④ At the Redwood Hotel.

(2008 本試　問 16)

問4．英語を聞き，答えとして最も適切なものを一つ選びなさい。

What plan is mentioned for the vehicle in the future?

① To develop a South Pole research station.
② To discover vast areas underneath the lake.
③ To do research in the lake on Jupiter.
④ To investigate the oceans on Europa.

(2011 追試　問 22)

● 解答・解説

問3. **正解** ①   (正解率：51.0%)

W：When does the next city tour start?

M：Let's see. It leaves <u>Central Bus Station</u> at 1:00, and there are several pick-up points along the way.

W：Does it stop at the Redwood Hotel?

M：Well, it stops at Taylor Hall and the Crown Theater.

W：I think it's easier to start <u>from the beginning</u>.

訳　女：次の市内観光は何時に出発ですか？
　　男：ええっと。1 時に中央バス停を出て，途中で何カ所か停まります。
　　女：レッドウッドホテルには停まりますか？
　　男：ええと，テイラーホールとクラウンシアターに停まります。
　　女：最初の場所から乗った方が楽みたいね。

　女性は①「中央バス停」でバスに乗ると考えられます。the beginning＝
Central Bus Station であることに気がつくかどうかという問題です。

問4. **正解** ④   (正解率：22.8%)

　₁Antarctica, the huge continent at the Earth's South Pole, is a place where scientists from nearly thirty countries carry out research. ₂One team from the American Space Agency has developed an underwater robotic vehicle to explore an ice-covered lake there. ₃With this special vehicle, scientists were able to study the huge area under the lake for the first time. ₄They intend to use this vehicle for space operations, such as <u>exploring the icy oceans on one of Jupiter's moons, Europa.</u> ₅Robotic vehicles like this will have many uses in the future.

訳　₁地球の南の極にある巨大な大陸である南極は，およそ 30 の国々からの科学者
　　が研究を行っている場所である。₂アメリカ宇宙局のチームが南極の氷で覆われ
　　た湖を探査するため，水中ロボット探査機を開発した。₃この特殊な探査機を用
　　いて，科学者は初めて湖の下の広大な地域を調査することが可能になった。₄そ
　　のチームはこの探査機を木星の衛星の一つであるエウロパの氷の海を探査するな
　　どの宇宙探査に使う予定である。₅このようなロボット探査機が将来様々な用途
　　で使われるだろう。

　探査機については，**将来④「エウロパの海を調査すること」が計画**されてい
ます。②「湖の下の広大な地域を発見すること」を選んだ人が 42.4％もいます。

力試し

音声

1 モノローグを聞いて図表を完成させる

あなたは，授業で配られたワークシートのグラフを完成させようとしています。先生の説明を聞き，四つの空欄 1 ～ 4 に入れるのに最も適切なものを，四つの選択肢（①～④）のうちから一つずつ選びなさい。**問題文と図表を読む時間が与えられた後，音声が流れます。**

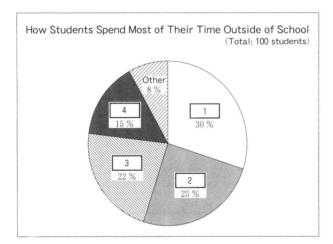

How Students Spend Most of Their Time Outside of School
(Total: 100 students)

Other 8 %

4 15 %

1 30 %

3 22 %

2 25 %

① Going out with friends

② Playing online games

③ Studying

④ Working part-time

(2021 本試（第1日程） 問 18～21)

Unit 1 Unit 2 Unit 3 Unit 4 Unit 5 Unit 6 Unit 7 Unit 8 Unit 9 Unit 10 Unit 11 Unit 12 Unit 13 Unit 14 Unit 15 Unit 16 Unit 17 Unit 18 Unit 19 Unit 20 Unit 21 Unit 22 Unit 23 Unit 24 Unit 25

力試し

2 複数の情報を聞いて条件に合うものを選ぶ

　話を聞き，示された条件に最も合うものを，四つの選択肢（①〜④）のうちから一つ選びなさい。下の表を参考にしてメモを取ってもかまいません。<u>状況と条件を読む時間が与えられた後，音声が流れます</u>。

状況
　あなたは，旅行先のニューヨークで見るミュージカルを一つ決めるために，四人の友人のアドバイスを聞いています。

あなたが考えている条件
　A．楽しく笑えるコメディーであること
　B．人気があること
　C．平日に公演があること

	Musical titles	Condition A	Condition B	Condition C
①	It's Really Funny You Should Say That!			
②	My Darling, Don't Make Me Laugh			
③	Sam and Keith's Laugh Out Loud Adventure			
④	You Put the 'Fun' in Funny			

問　"☐" is the musical you are most likely to choose.

① It's Really Funny You Should Say That!

② My Darling, Don't Make Me Laugh

③ Sam and Keith's Laugh Out Loud Adventure

④ You Put the 'Fun' in Funny

(2021 本試（第1日程） 問26)

Unit
1

Unit
2

Unit
3

Unit
4

5

Unit
6

Unit
7

Unit
8

Unit
9

Unit
10

Unit
11

Unit
12

Unit
13

Unit
14

Unit
15

Unit
16

Unit
17

Unit
18

Unit
19

Unit
20

Unit
21

Unit
22

Unit
23

Unit
24

Unit
25

力試し

3 講義の内容と図表の情報を使って問いに答える

最初に講義を聞き，問1から問5に答えなさい。次に問6と問7の音声を聞き，問いに答えなさい。<u>状況，ワークシート，問い及び図表を読む時間が与えられた後，音声が1回流れます</u>。

状況

あなたはアメリカの大学で，幸福観についての講義を，ワークシートにメモを取りながら聞いています。

ワークシート

○ **World Happiness Report**

- Purpose : To promote _____ [1] _____ happiness and well-being
- Scandinavian countries: Consistently happiest in the world (since 2012)

  Why? ⇒ "**Hygge**" lifestyle in Denmark

    ⬇ spread around the world in 2016

○ **Interpretations of Hygge**

	Popular Image of Hygge	Real Hygge in Denmark
What	2	3
Where	4	5
How	special	ordinary

問1　ワークシートの空欄 1 に入れるのに最も適切なものを，四つの選択肢（①～④）のうちから一つ選びなさい。

① a sustainable development goal beyond
② a sustainable economy supporting
③ a sustainable natural environment for
④ a sustainable society challenging

問2～5　ワークシートの空欄 2 ～ 5 に入れるのに最も適切なものを，六つの選択肢（①～⑥）のうちから一つずつ選びなさい。選択肢は2回以上使ってもかまいません。

① goods　　　　② relationships　　　③ tasks
④ everywhere　　⑤ indoors　　　　　⑥ outdoors

問6　講義後に，あなたは要約を書くために，グループのメンバーA，Bと，講義内容を口頭で確認しています。それぞれの発言が講義の内容と一致するかどうかについて，最も適切なものを四つの選択肢（①～④）のうちから一つ選びなさい。

① Aの発言のみ一致する
② Bの発言のみ一致する
③ どちらの発言も一致する
④ どちらの発言も一致しない

Unit
1
Unit
2
Unit
3
Unit
4
Unit
5
Unit
6
Unit
7
Unit
8
Unit
9
Unit
10
Unit
11
Unit
12
Unit
13
Unit
14
Unit
15
Unit
16
Unit
17
Unit
18
Unit
19
Unit
20
Unit
21
Unit
22
Unit
23
Unit
24
Unit
25
力試し

問7　講義の後で，Joe と May が下の図表を見ながらディスカッションをしています。ディスカッションの内容及び講義の内容からどのようなことが言えるか，最も適切なものを，四つの選択肢（①～④）のうちから一つ選びなさい。

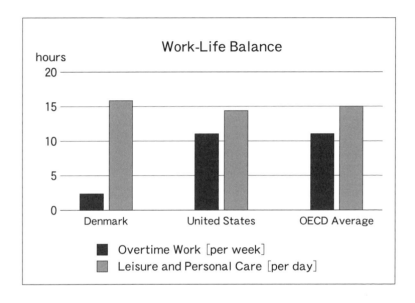

① People in Denmark do less overtime work while maintaining their productivity.

② People in Denmark enjoy working more, even though their income is guaranteed.

③ People in OECD countries are more productive because they work more overtime.

④ People in the US have an expensive lifestyle but the most time for leisure.

（試作問題　第C問）

※問1～5は，2021年度本試験（第1日程）第5問 問27～31と同一問題。

4　対話を聞いて要点を把握する

二人の対話を聞き，それぞれの問いの答えとして最も適切なものを，四つの選択肢（①～④）のうちから一つずつ選びなさい。（問いの英文は書かれています。）<u>状況と問いを読む時間が与えられた後，音声が流れます</u>。

> 状況
> David と母の Sue が，ハイキングについて話をしています。

問1　Which statement would David agree with the most?

① Enjoyable hiking requires walking a long distance.

② Going on a group hike gives you a sense of achievement.

③ Hiking alone is convenient because you can choose when to go.

④ Hiking is often difficult because nobody helps you.

問2　Which statement best describes Sue's opinion about hiking alone by the end of the conversation?

① It is acceptable.

② It is creative.

③ It is fantastic.

④ It is ridiculous.

（2023 本試　問 34・35）

5 複数の意見を聞いて問いに答える

会話を聞き，それぞれの問いの答えとして最も適切なものを，選択肢のうちから一つずつ選びなさい。後の表を参考にしてメモを取ってもかまいません。状況と問いを読む時間が与えられた後，音声が流れます。

> 状況
>
> 寮に住む四人の学生（Mary, Jimmy, Lisa, Kota）が，就職後に住む場所について話し合っています。

Mary	
Jimmy	
Lisa	
Kota	

問1 会話が終わった時点で，街の中心部に住むことに決めた人を，四つの選択肢（①〜④）のうちから一つ選びなさい。

① Jimmy
② Lisa
③ Jimmy, Mary
④ Kota, Mary

問2　会話を踏まえて，Lisa の考えの根拠となる図表を，四つの選択肢（①〜④）のうちから一つ選びなさい。

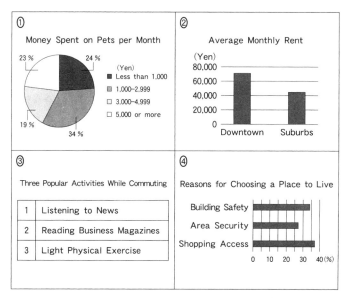

（2023 本試　問 36・37）

● 解答・解説

正解　　1 ①　　2 ②　　3 ③　　4 ④

(正解率：69.4%　※完全解答)

❶One hundred university students were asked this question: How do you spend most of your time outside of school? ❷They were asked to select only one item from five choices: "going out with friends," "playing online games," "studying," "working part-time," and "other." ❸The most popular selection was "going out with friends," with <u>30 percent</u> choosing this category. ❹<u>Exactly half that percentage</u> of students selected "working part-time." ❺"Playing online games" received <u>a quarter of all</u> the votes. ❻<u>The third most selected category</u> was "studying," which came after "playing online games."

> 訳　❶100 人の大学生を対象に次のような質問をした。「学外で自分の時間のほとんどをどのように過ごしますか？」❷彼らは次の 5 つの選択肢から 1 つだけ選ぶように言われた。「友達と出かける」，「オンラインゲームをする」，「勉強する」，「アルバイトをする」，「その他」である。❸最も多く選ばれた選択肢は「友達と出かける」で，30 パーセントがこの区分を選んだ。❹ちょうどその半分の割合の学生が「アルバイトをする」を選んだ。❺「オンラインゲームをする」は，全回答の 4 分の 1 を獲得した。❻3 番目に多く選ばれた区分は「勉強する」で，「オンラインゲームをする」の次に大きな割合を占めた。

問題文と図表および第❶・❷文から，「学生が課外で自分の時間をどのように使っているか」を話題にしていることがわかります。

第❸文「最も多く選ばれた選択肢は『友達と出かける』で，30 パーセントがこの区分を選んだ」から，　1　には①が入るとわかります。with 30 percent choosing this category の with は，いわゆる「付帯状況の with」と呼ばれるもので，with によって導かれる箇所が，前文の具体化・補足になっていることを示す働きがあります。

さらに第❹文に「ちょうどその半分の割合の学生が『アルバイトをする』を選んだ」とあるので，アルバイトを選んだ学生は，30 パーセントの半分，つまり 15 パーセントだと判明し，　4　には④を入れます。ここで③を選んだ人が 20.4 ％もいました。この文中に出てくる exactly half＋名詞「〜のちょ

うど半分」は，〈倍数表現＋名詞〉「（名詞）の～倍」という定型表現です。

さらに第❺文「『オンラインゲームをする』は全回答の4文の1を獲得した」，第❻文「3番目に多く選ばれた区分は『勉強する』で，『オンラインゲームをする』の次に大きな割合を占めた」から， 3 に③， 2 に②が入るとわかります。第❻文に出てくる the third most selected category は，〈数詞＋最上級〉「…番目に～」という定型表現です。

数字を音声で聞く場合には，13（thirteen）と30（thirty）など，混同しやすい数字の発音の区別や分数，倍数表現の判別に注意しましょう（⇨P.100・P.124）。また，本問のように，空欄に入れる順序は必ずしも「大きいもの→小さいもの」になっていない場合もあることに気をつけてください。

Unit
1
Unit
2
Unit
3
Unit
4
Unit
5
Unit
6
Unit
7
Unit
8
Unit
9
Unit
10
Unit
11
Unit
12
Unit
13
Unit
14
Unit
15
Unit
16
Unit
17
Unit
18
Unit
19
Unit
20
Unit
21
Unit
22
Unit
23
Unit
24
Unit
25
力試し

正解 ② (正解率：31.4％)

1. I love *It's Really Funny You Should Say That!* I don't know why it's not higher in the rankings. I've seen a lot of musicals, but none of them beats this one. It's pretty serious, but it does have one really funny part. It's performed only on weekdays.

2. You'll enjoy *My Darling, Don't Make Me Laugh*. I laughed the whole time. It's only been running for a month but already has very high ticket sales. Actually, that's why they started performing it <u>on weekends, too</u>.

3. If you like comedies, I recommend *Sam and Keith's Laugh Out Loud Adventure*. My friend said it was very good. I've seen some good reviews about it, too, but plan carefully because it's only on at the weekend.

4. Since you're visiting New York, don't miss *You Put the 'Fun' in Funny*. It's a romance with a few comedy scenes. For some reason, it <u>hasn't had very good ticket sales</u>. It's staged every day of the week.

訳
1. 僕は『そんなこと言うなんてへんっ！』が大好きだよ！　なぜ順位がもっと高くないのかがわからない。今までミュージカルをたくさん見てきたけれど，これに勝るものはないね。けっこう硬い話だけど，本当に面白い部分が一つあるからね。公演は平日だけだよ。
2. 『ダーリン，私を笑わせないで』は楽しいと思うよ。僕はずっと笑ってた。公演が始まって1カ月間しかたっていないのに，すでにチケットの売り上げはとても好調なんだ。実際，そういうわけで週末公演も始まったよ。
3. コメディーが好きなら，『サムとキースの爆笑アドベンチャー』がお勧めだよ。私の友人がとても良かったと言っていたからね。私もいくつか高評価のレビューを見たわよ。週末にしか公演がないから，慎重に計画してね。
4. ニューヨークを訪れるなら，『愉しさに「楽しい」を』を見逃さないでね。いくつか笑える場面のある恋愛ものだよ。どういうわけか，チケットの売り上げは今のところあまり良くないのよ。毎日公演があるよ。

①は，第2文から人気がないとわかるので，条件Bを満たしていないと判断できます。また，第4・5文で「けっこう硬い話だけど，本当に面白い部分が

一つあるからね。公演は平日だけだよ」とあり，条件Cは満たしていることを示していますが，条件Aの「楽しく笑えるコメディー」を満たしているとは言い切れません。

②は，第1・2文から，条件Aを満たしていることがわかります。また第3文から条件Bを満たしています。さらに第4文「実際，そういうわけで週末公演も始まったよ」から，条件C「平日に公演がある」も満たしており，これが正解だとわかります。条件には「平日」とありますが，聞こえてくるのが on weekends なので，too「〜もまた」を聞き逃すと，正解だとわからないかもしれません。

③は，第1文から条件Aを満たしています。また第2・3文からは，条件Bは満たしていますが，条件Cについては満たしていないことがわかります。

④は，第2文「いくつか笑える場面のある恋愛ものだよ」が条件Aを満たしているとは言い切れません。また第3文から，人気はないため条件Bを満たしていないことがわかります。さらに第4文「毎日公演があるよ」から，条件Cだけは満たしていることがわかります。

　上位層でも正解率は5割強しかありません。この理由は，②の説明文の，条件Cの根拠となる表現が，直接的な言い方ではなく，間接的な言い方で示されていること，さらに④の説明文の hasn't had very good ticket sales の hasn't の聞き取りができなかったこと，だと推察されます。hasn't, put, ticket, bet などの語尾の t はしばしば消えることに気をつけてください（⇨P. 10）。

ミュージカルのタイトル	条件A コメディー	条件B 人気	条件C 平日
① そんなこと言うなんてへんっ！	？	×	○
② ダーリン，私を笑わせないで	○	○	○
③ サムとキースの爆笑アドベンチャー	○	○	×
④ 愉しさに「楽しい」を	？	×	○

3 　正解　問1. ②　　問2・3・4・5. ①・②・⑤・④
　　　問6. ③　　問7. ①（正解率：問1. 65.5%／問2・3. 61.3%／
　　　問4・5. 63.4%／問6. 72.8%／問7. 85.3%）

《デンマーク人を幸せにしている「ヒュッゲ」という伝統についての講義》

What is happiness? Can we be happy and promote sustainable development? Since 2012, the *World Happiness Report* has been issued by a United Nations organization to develop new approaches to economic sustainability for the sake of happiness and well-being. The reports show that Scandinavian countries are consistently ranked as the happiest societies on earth. But what makes them so happy? In Denmark, for example, leisure time is often spent with others. That kind of environment makes Danish people happy thanks to a tradition called "hygge," spelled H-Y-G-G-E. Hygge means coziness or comfort and describes the feeling of being loved.

This word became well-known worldwide in 2016 as an interpretation of mindfulness or wellness. Now, hygge is at risk of being commercialized. But hygge is not about the material things we see in popular images like candlelit rooms and cozy bedrooms with hand-knit blankets. Real hygge happens anywhere—in public or in private, indoors or outdoors, with or without candles. The main point of hygge is to live a life connected with loved ones while making ordinary essential tasks meaningful and joyful.

Perhaps Danish people are better at appreciating the small, "hygge" things in life because they have no worries about basic necessities. Danish people willingly pay from 30 to 50 percent of their income in tax. These high taxes pay for a good welfare system that provides free healthcare and education. Once basic needs are met, more money doesn't guarantee more happiness. While money and material goods seem to be highly valued in some countries like the US, people in Denmark place more value on socializing. Nevertheless, Denmark has above-average productivity according to the OECD.

訳　　幸福とは何か？　私たちは幸福でありながら持続可能な開発を求めていくことはできるのだろうか？　2012 年以来，国連機関によって「世界幸福度報告」が出されてきたが，その目的は，幸福と福祉のための経済的持続可能性へ向けた新たな取り組みを展開することであった。その報告書によると，スカンジナビア諸国は地球上で最も幸福な社会として常に位置づけられていることがわかる。しかし，何が彼らをそれほどまでに幸福にしているのだろうか？　たとえば，デンマークでは余暇の時間を誰かと共に過ごすことが多い。そのような環境がデンマーク人を幸福にしているのは，H-Y-G-G-E と綴る，「ヒュッゲ」という伝統のおかげである。ヒュッゲとは，居心地の良さや快適さを意味し，自分が他者に愛されているという感覚を表すものである。

　　この言葉は，精神的な充実や心身の健康を説明するものとして 2016 年に世界的に有名になった。現在，ヒュッゲは商業化の危機に瀕している。しかし，ヒュッゲの本質とは，ロウソクの灯る部屋や，手編みの毛布を敷いた居心地の良い寝室といった，よくあるイメージで目にするような物質的なものに関することではない。本当のヒュッゲとは，公の場でも私的な場でも，屋内でも屋外でも，ロウソクの有無に限らず，どこでも起こる。ヒュッゲの一番大きなポイントとは，日常に必要な仕事を有意義で楽しいものにしながら，愛する人とつながった生活を送ることである。

　　ひょっとすると，デンマークの人たちは，基本的な生活必需品に対する心配がないために，日常の些細な「ヒュッゲ」に対して有り難みを感じることに長けているのかもしれない。デンマークの人々は，収入の 30 ％から 50 ％を税金として快く払っている。これらの高い税金は，無料の医療と教育を提供する充実した福祉制度に充てられている。いったん基本的な必要性が満たされれば，より多くのお金があればより大きな幸福につながるということにはならない。アメリカのような一部の国では，お金や物質的な品物がかなり重視されているように思われるが，デンマークの人々は人との交流をより重んじている。それにもかかわらず，OECD によると，デンマークは平均以上の生産性を誇っているのだ。

問 1

① （幸福と福祉）を超えた持続可能な開発目標

② （幸福と福祉）を支える持続可能な経済

③ （幸福と福祉）のための持続可能な自然環境

④ （幸福と福祉）に異議を唱える持続可能な社会

　ワークシートから「『世界幸福度報告』の目的」を聞き取ればよいことがわかります。第1段第3文から，「世界幸福度報告」の目的は「幸福と福祉のための経済的持続可能性へ向けた新たな取り組みを展開すること」であり，②が正解だとわかります。S is issued / used to (V) の to 不定詞は，「～するために」という副詞的用法ですが，聞き取りの際には「Sが発行される／使われる。その目的はVだ」というように左から右へと理解していきましょう。

　間違った人の多くが①にしましたが，これは聞こえてきた英文の内容を理解できず，本文にある sustainable development という表現に飛びついたためと推察されます。

　Since 2012 … to develop new approaches <u>to</u> economic sustainability for … が聞き取れたかどうかがポイントですが，この部分が長く，また下線部の to も弱く聞こえるため（⇨ P. 22），やや難しかったようです。

問2～5

①	商品	②	人間関係	③	仕事
④	あらゆる場所	⑤	屋内	⑥	屋外

　ワークシートから「ヒュッゲは『何』で，また『どこでなされるのか』についての，世間的なイメージと本当の姿」を聞き取ればよいとわかります。第2段第3～5文から，「ヒュッゲとは，家の中でロウソクを灯すような物質的なイメージがあるが，本当のヒュッゲとは，場所とは無関係に，愛する人とつながった生活を送ることであり，日常の仕事を有意義なものにする精神的なもの」を指すことがわかります。よって，　2　には物質的な①が入り，　3　には精神的な②が入ります。さらに，　4　には「屋内で」を意味する⑤，　5　には④「ありとあらゆるところで（←場所は問わず）」が入ります。

　特に　3　の出来が悪い理由は，本文の to live a life connected with loved ones「愛する人とつながった生活を送る」という部分と，relationships「（特に人と人との）関係」とが結びつかなかったことだと思われます。

　音声的には，第2段の <u>with or without</u> candles（⇨ P. 82）や while

making（⇨ P. 40・P. 94）の聞き取りがやや難しく，ここで混乱した人がいたかもしれません。

○　**世界幸福度報告**

・目的：幸福と福祉〔②を支える持続可能な経済〕を推進すること

・スカンジナビア諸国：一貫して世界で最も幸福（2012 年以降）

　なぜ？　⇒　デンマークの「**ヒュッゲ**」という生活様式

　　　　　　↓　2016 年世界中に広まる

○　**ヒュッゲの解釈**

	ヒュッゲの一般的イメージ	デンマークの本当のヒュッゲ
何	①商品	②人間関係
どこで	⑤屋内	④あらゆる場所
どのような	特別な	日常的な

問6

Student A : Danish people accept high taxes which provide basic needs.

Student B : Danish people <u>value</u> spending time <u>with</u> friends more than pursuing money.

訳　学生A：デンマークの人々は，基本的必要性を提供する高額の税金を受け入れる。
　　学生B：デンマークの人々は，お金を追い求めるより，友人と共に時間を過ごすことに価値を置く。

　第2段最終文に「ヒュッゲの一番大きなポイントとは，日常に必要な仕事を有意義で楽しいものにしながら，愛する人とつながった生活を送ることである」，第3段第5文に「アメリカのような一部の国では，お金や物質的な品物がかなり重視されているように思われるが，デンマークの人々は人との交流をより重んじている」とあり，これらは**学生Bの発言に合致**します。

　第3段第2・3文に「デンマークの人々は，収入の30％から50％を税金として快く払っている。これらの高い税金は，無料の医療と教育を提供する充実

した福祉制度に充てられている」とあり，**学生Aの発言に合致します**。よって，③の「**どちらの発言も一致する**」が正解。

　第3段第5文に は，while（⇨P. 40）や seem to be highly valued（⇨P. 10・P. 28）のように音声的に難しいポイントが多いです。また，value，hamster，rag などの[æ]の音は，普段からしっかりと発音していないと聞き取れないことが多いので，注意してください。

問7

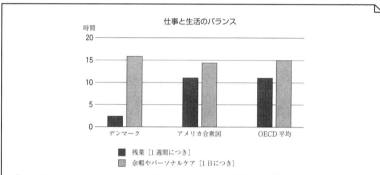

① デンマークの人々は，生産性を維持しながらも残業をあまりしていない。
② デンマークの人々は，収入が保証されているにもかかわらず，より長く働くことを楽しんでいる。
③ OECD 諸国の人々は，残業が多いため，生産性がより高い。
④ アメリカ合衆国の人々は贅沢な暮らしをしているが，余暇に費やす時間が最も多い。

Joe : Look at this graph, May. People in Denmark value private life over work. How can they be so productive?

May : Well, based on my research, studies show that working too much overtime leads to lower productivity.

Joe : So, working too long isn't efficient. That's interesting.

訳　ジョー：このグラフを見てよ，メイ。デンマークの人々は仕事より個人の生活に重きを置いているね。どのようにして，あれほどの生産性の高さを実現しているのだろうか？

　　メイ：ええ，私の研究によると，残業が多すぎると生産性が下がることがわかっているわ。

　　ジョー：だから，働きすぎるのは効率がよくない。それは興味深いね。

　ここまでの講義に加えて，グラフや2人の会話の内容「デンマークの人々は仕事より個人の生活を重んじる」「残業が多いことは生産性を下げることになる」から，正解を判断します。

　①「デンマークの人々は，生産性を維持しながらも残業をあまりしていない」が正解。この選択肢の中にある「残業をあまりしていない」は，グラフやジョーの最初の発言「デンマークの人々は仕事より個人の生活に重きを置いているね」に対応しています。

　②は，「収入が保証されている」の部分に対応する該当箇所が本文になく，「より長く働くことを楽しんでいる」は，グラフやジョーの最初の発言「デンマークの人々は仕事より個人の生活に重きを置いているね」と矛盾するので誤りです。そもそも本文の趣旨「デンマークの人々はゆったりした幸福な生活を送っている」とまったく合わない内容です。

　③は，メイの発言「私の研究によると，残業が多すぎると生産性が下がることがわかっているわ」と矛盾するので不可。

　④は，「余暇に費やす時間が最も多い」がグラフの内容と矛盾するので不可。

　※編集部注：問1～5の音声は，2021年度本試験（第1日程）の第5問の音声を使用しています。問6・問7の音声は大学入試センターより公表されていないため，小社が独自に作成しています。

Unit 1
Unit 2
Unit 3
Unit 4
Unit 5
Unit 6
Unit 7
Unit 8
Unit 9
Unit 10
Unit 11
Unit 12
Unit 13
Unit 14
Unit 15
Unit 16
Unit 17
Unit 18
Unit 19
Unit 20
Unit 21
Unit 22
Unit 23
Unit 24
Unit 25

力試し

178

 正解 問１．③　　問２．①　　（正解率：問１．73.7％／問２．54.8％）

David 1 : Hey, Mom! Let's go to Mt. Taka tomorrow. We've always wanted to go there.

Sue 1 : Well, I'm tired from work. I want to stay home tomorrow.

David 2 : Oh, too bad. Can I go by myself, then?

Sue 2 : What? People always say you should never go hiking alone. What if you get lost?

David 3 : Yeah, I thought that way too, until I read a magazine article on solo hiking.

Sue 3 : Huh. What does the article say about it?

David 4 : It says it takes more time and effort to prepare for solo hiking than group hiking.

Sue 4 : OK.

David 5 : But you can select a date that's convenient for you and walk at your own pace. And imagine the sense of achievement once you're done, Mom!

Sue 5 : That's a good point.

David 6 : So, can I hike up Mt. Taka by myself tomorrow?

Sue 6 : David, do you really have time to prepare for it?

David 7 : Well, I guess not.

Sue 7 : <u>Why not wait until</u> next weekend when you're ready? Then you <u>can</u> go <u>on your own</u>.

David 8 : OK, Mom.

訳　デイビッド１：ねえ，ママ！　明日，タカ山に行こうよ。ずっと行きたかったでしょう。

スー１：うーん，仕事で疲れてるの。明日は家に居たいな。

デイビッド２：ああ，残念。じゃあ，僕１人で行っていい？

スー２：ええ？　１人でハイキングに行かない方がいいって言うよ。迷子になったらどうするの？

デイビッド３：うん，雑誌で１人で行くハイキングの記事を読むまでは僕もそう思ってた。

　　　　スー3：へえ。その記事にはどんなことが書いてあるの？

デイビッド4：グループでのハイキングより，1人で行くハイキングの方が準備
　　　　　　　に時間と労力がかかるらしい。

　　　　スー4：そうだね。

デイビッド5：でも，自分の都合のいい日を選んで，自分のペースで歩けるよ。
　　　　　　　そして，登り終わった後の達成感を考えてみてよ，ママ！

　　　　スー5：それは確かにそうよね。

デイビッド6：じゃあ，明日は1人でタカ山に登れるかな？

　　　　スー6：デイビッド，本当に準備する時間があるの？

デイビッド7：うーん，無理かなあ。

　　　　スー7：準備ができる来週末まで待ったらどう？　そしたら，1人で行け
　　　　　　　るでしょ。

デイビッド8：わかった，ママ。

問1．「デイビッドが最も賛成するであろう発言はどれか」

---

① 楽しいハイキングには長距離のウォーキングが必要である。

② 複数人でハイキングに行くことで達成感が得られる。

③ 1人で行くハイキングは，行くタイミングを選べるので便利である。

④ ハイキングは誰も助けてくれないのでしばしば大変である。

　デイビッドの主張を順に見ていきます。デイビッド2の発言から「ハイキン
グに1人で行くことの許可を母親に求めている」ことがわかります。さらにデ
イビッド4の発言「グループでのハイキングより，1人で行くハイキングの方
が準備に時間と労力がかかるらしい」と，デイビッド5の発言「でも，自分の
都合のいい日を選んで，自分のペースで歩けるよ。そして，登り終わった後の
達成感を考えてみて」から，デイビッドの主張は「**1人ハイキングは準備に時
間と労力はかかるが，自分の都合のいい日を選んで，自分のペースで歩けるの
でよい**」だとわかります。以上のことを踏まえて選択肢を順に検討します。

　①「楽しいハイキングには長距離のウォーキングが必要である」はデイビッ
ドの発言にはなく，また，「デイビッドの言いたいこと」でもないので不適切
です。

　②「複数人でハイキングに行くことで達成感が得られる」は先ほど検討した
デイビッドの主張に反するので不適切です。

Unit 1
Unit 2
Unit 3
Unit 4
Unit 5
Unit 6
Unit 7
Unit 8
Unit 9
Unit 10
Unit 11
Unit 12
Unit 13
Unit 14
Unit 15
Unit 16
Unit 17
Unit 18
Unit 19
Unit 20
Unit 21
Unit 22
Unit 23
Unit 24
Unit 25
力試し

③「1人で行くハイキングは，行くタイミングを選べるので便利である」はデイビッドの主張と合致するので正解です。

④「ハイキングは誰も助けてくれないのでしばしば大変である」は，近い発言がデイビッド4にはありますが，ここは1人で行くハイキングの準備が大変という内容です。また，「デイビッドの言いたいこと」でもないので不適切です。間違った人の多くは④を選んでいます。

問2．「1人でハイキングをすることに関して，スーが会話の終わりまでに述べた意見を最も適切に表している発言はどれか」

① それは容認できる。	② それは創造的である。
③ それは素晴らしい。	④ それは馬鹿げている。

スーの主張を順に見ていきます。スー2の発言「1人でハイキングに行かない方がいいって言うよ。迷子になったらどうするの？」から，1人でハイキングに行くことには難色を示していることがわかります。しかし，スー7の発言「準備ができる来週末まで待ったらどう？　そしたら，1人で行けるでしょ」から，準備さえしっかりすれば1人でハイキングに行ってもよいと発言しています。よって，①「それ（1人でハイキングに行くこと）は容認できる」が正解だとわかります。

24.6％の人が④「それは馬鹿げている」を選んでいます。スーの心境の変化が理解できなかったようですね。Why not wait until の not や wait の語尾が消えている（⇨P.10）こと，can の聞き取り（⇨P.52），on your own がつながって聞こえる（⇨P.64）といったことが原因で，重要な部分を正確に理解できなかったのだと思われます。

5 **正解** 問1．① 問2．② （正解率：問1．37.4％／問2．69.3％）

Mary 1 : Yay! We all got jobs downtown! I'm so relieved and excited.

Jimmy 1 : You said it, Mary! So, are you going to get a place near your office or in the suburbs?

Mary 2 : Oh, definitely close to the company. I'm not a morning person, so I need to be near the office. You should live near me, Lisa!

Lisa 1 : Sorry, Mary. The rent is too expensive. I want to save money. How about you, Kota?

Kota 1 : I'm with you, Lisa. I don't mind waking up early and commuting to work by train. You know, while commuting I can listen to music.

Jimmy 2 : Oh, come on, you guys. We should enjoy the city life while we're young. There are so many things to do downtown.

Mary 3 : Jimmy's right. Also, I want to get a dog. If I live near the office, I can get home earlier and take it for longer walks.

Lisa 2 : Mary, don't you think your dog would be happier <u>in the suburbs, where there's a lot more space</u>?

Mary 4 : Yeah, you may be right, Lisa. Hmm, now I have to think again.

Kota 2 : Well, I want space for my training equipment. I wouldn't have that space in a tiny downtown apartment.

Jimmy 3 : That might be true for you, Kota. For me, a small apartment downtown is just fine. In fact, I've already found a good one.

Lisa 3 : Great! When can we come over?

訳　メアリー1：やったー！　私たちみんな都会で仕事が見つかったね！　すごく安心したし，ワクワクする。

　　ジミー1：まったくだね，メアリー！　それで，オフィスの近くか郊外，どっちに住むつもり？

　メアリー2：ああ，絶対に会社の近くね。私は朝型人間ではないから，会社の近
　　　　　　くがいい。あなたは私の近所に住むべきよ，リサ！

　　リサ1：ごめんね，メアリー。家賃が高すぎる。私は節約したいな。コウタ
　　　　　　はどう？

　コウタ1：リサ，僕も。早起きして電車で通勤するのは気にならないな。だっ
　　　　　　て，通勤中に音楽が聴けるし。

　ジミー2：おいおい，君たち。若いうちに都会の生活を楽しむべきだよ。都会
　　　　　　にはたくさんの楽しみがあるんだから。

　メアリー3：ジミーの言う通りだね。あと，犬を飼いたい。会社の近くに住めば，
　　　　　　早く帰れるし，散歩も長くできる。

　　リサ2：メアリー，もっとスペースがある郊外の方が犬は幸せだと思わな
　　　　　　い？

　メアリー4：ああ，そうかもしれないね，リサ。うーん，もう1度考えてみよう
　　　　　　かな。

　コウタ2：そうだね，僕もトレーニング器具を置くスペースが欲しい。都会の
　　　　　　小さなアパートでは，そんなスペースはないだろうな。

　ジミー3：コウタはそうかもしれないね。僕にとっては，都会の小さなアパー
　　　　　　トがちょうどいいんだ。実際，もういい物件を見つけたよ。

　　リサ3：いいね！　いつ遊びに行ける？

問1.

　4人の発言をそれぞれ確認していきます。

　まず，メアリー1の発言から，会話の参加者全員が，都会にある会社に就職することがわかります。

　メアリーは，メアリー2の発言で「ああ，絶対に会社の近くね。私は朝型人間ではないから，会社の近くがいい。あなたは私の近所に住むべきよ，リサ！」と発言しています。さらにジミーの発言を受けたメアリー3の発言「ジミーの言う通りだね。あと，犬を飼いたい。会社の近くに住めば，早く帰れるし，散歩も長くできる」から，メアリーは街の中心部に住むことに賛成していることがわかります。しかし，リサ2の発言を受けたメアリー4の発言「ああ，そうかもしれないね，リサ。うーん，もう1度考えてみようかな」から，考えを改め，郊外に住むことに心が傾いていることがうかがえます。

　リサは，リサ1の発言「家賃が高すぎる。私は節約したいな」と，リサ2の発言「メアリー，もっとスペースがある郊外の方が犬は幸せだと思わない？」から，街の中心部に住むことには消極的であることがわかります。

　コウタは，コウタ 1 の発言「リサ，僕も。早起きして電車で通勤するのは気
にならないな。だって，通勤中に音楽が聴けるし」と，コウタ 2 の発言「そう
だね，僕もトレーニング器具を置くスペースが欲しい。都会の小さなアパート
では，そんなスペースはないだろうな」から，**街の中心部に住むことには消極
的**であることがわかります。

　ジミーは，ジミー 3 の発言「僕にとっては，都会の小さなアパートがちょう
どいいんだ。実際，もういい物件を見つけたよ」から，**街の中心部に住むこと
に決めている**ことがわかります。

　以上から，街の中心部に住むことに決めたのは ① のジミーだけです。正解率
は上位層でも 6 割を切っていました。

　間違えた人の多くが ③「ジミー，メアリー」を選んでいます。**メアリー 4 の
発言である「ああ，そうかもしれないね，リサ。うーん，もう 1 度考えてみよ
うかな」を聞き逃した，あるいは理解できなかったことが原因**だと思われます。
直前のリサ 2 の in the suburbs と where there's a lot more space?
（⇨P. 34・P. 58）部分の聞き取りができていないと，メアリー 4 の発言が頭
に入ってこなかったり，その意図を理解できなかったりしたでしょう。

問2.

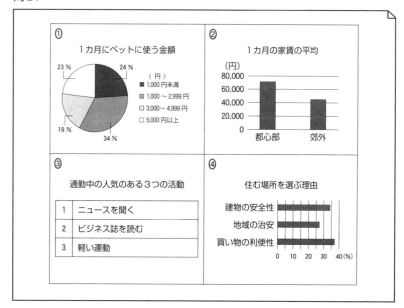

① 1カ月にペットに使う金額

（円）
■ 1,000 円未満
■ 1,000～2,999 円
□ 3,000～4,999 円
□ 5,000 円以上

24 %
23 %
19 %
34 %

② 1カ月の家賃の平均

（円）
80,000
60,000
40,000
20,000
0
都心部　郊外

③ 通勤中の人気のある3つの活動

1	ニュースを聞く
2	ビジネス誌を読む
3	軽い運動

④ 住む場所を選ぶ理由

建物の安全性
地域の治安
買い物の利便性

0　10　20　30　40 (%)

　「リサの考えの根拠となる図表を選ぶ」問題です。リサは，リサ1の発言「家賃が高すぎる。私は節約したいな」と，リサ2の発言「メアリー，もっとスペースがある郊外の方が犬は幸せだと思わない？」から，**街の中心部に住むことには消極的である理由**として「家賃が高い」と「犬を飼う場合十分なスペースがとれない」ことを挙げています。これを支持する根拠となるのは②しかありません。

　一般に，「AかBか」の議論の際に，「Aの方がよい」あるいは「Bの方がよい」という主張の根拠となるのは，「AとBとを比較した結果A（B）の方がよい」ことを示す図であるはずです。図の中で2者の比較をしているのは②だけです。間違えた人の多くは①を選んでいますが，①は「ペットにかけるお金」のことにすぎず，リサの発言の根拠にはなりません。